8ºYe.
1930

Fleurs de Givre

DU MÊME AUTEUR

PAUL COLLIN

Fleurs de Givre

FAC ET SPERA

PARIS

ALPHONSE LEMERRE, ÉDITEUR

23-31, PASSAGE CHOISEUL, 23-31

M DCCC XCIX

PRÉFACE

C E m'est un grand plaisir de pouvoir et devoir commencer ce volume, comme presque tous ceux qui l'ont précédé, par un remerciement aux recueils littéraires qui ont déjà donné l'hospitalité à quelques unes des pièces que l'on va lire et aux musiciens qui, dans leur fidèle amitié, m'ont encore fait l'honneur d'associer mes vers à leurs inspirations.

P. C.

FLEURS DE GIVRE

LES *fleurs de printemps, où sont-elles ?*
Où sont-elles, les fleurs d'été ?
Et les fleurs d'automne, si frêles,
Si pâles ? Rien n'en est resté.

Les bises, les brouillards, les grêles
Ont, en leur froide cruauté,
Criblé de leurs flèches mortelles
Tout ce qui fut grâce et beauté.

Mais parmi les feuilles flétries
Le givre met ses broderies,
Parfois. Et, croyant rajeunir,

La triste nudité des branches
Tressaille, alors, au souvenir
Des chères aubépines blanches.

I

Pensées, Rêves et Souvenirs

LES ANGES DE BÉTHLÉEM

Quand Jésus naquit dans la crèche obscure,
De blonds séraphins, aux voûtes du ciel,
Chantaient d'une voix divinement pure :
    « Hosanna ! Gloire à Dieu ! Noël ! »

Mais à Bethléem vinrent d'autres anges
A qui le Messie était inconnu
Et qui ne voyaient, tremblant dans ses langes,
    Qu'un pauvre enfant à demi-nu.

Comme ils regardaient le Fils de Marie
Dormant si paisible en son froid berceau,
Un trouble envahit leur âme attendrie.
       Ils se disaient : « Comme il est beau !

« Son front n'est-il pas trop doux pour la terre,
Et ses yeux trop clairs pour des yeux humains?
On dirait plutôt qu'il est notre frère.
       Réchauffons ses petites mains ;

« Et baisons ses pieds trop tendres, sans doute,
Que tant de cailloux ensanglanteront,
Et son cœur trop bon, qu'au long de sa route
       Tant de chagrins affligeront. »

Puis, ils se penchaient tout près de l'oreille
De l'Enfant Jésus toujours endormi ;
Ils lui murmuraient doucement : « Sommeille,
       Sommeille, ô cher petit ami !

« Sommeille longtemps. Il te faut d'avance
Reposer du lourd fardeau des douleurs
Que t'imposera bientôt l'existence
       Des hommes condamnés aux pleurs !... »

Mais l'Enfant, ouvrant sa lèvre sereine,
Dit : « Je ne crains pas de beaucoup souffrir.
Je veux partager la misère humaine,
    Puisque je viens pour la guérir. »

Et dans des rayons de clartés étranges,
Jésus, se levant, tout à coup grandit;
Et, stupéfiant les regards des anges,
    Sur une croix il s'étendit.

Lors, ayant compris le sacré mystère,
Mêlant leur cantique à celui du ciel,
Les anges chantaient aussi sur la terre :
    « Hosanna! Gloire à Dieu! Noël! »

L'ÉTERNEL ESPOIR

I

D'un bout à l'autre de la terre,
Nous entendons gronder un sourd gémissement;
De l'humaine douleur l'insondable mystère
Sans trêve ni repos crie éternellement.

Et, comme un océan gonflé par la tourmente
    Propage au loin sa houleuse clameur,
Chaque jour avec plus d'angoisse se lamente
La détresse du monde où l'on souffre, où l'on meurt.

Ils pleurent des larmes brûlantes
Tous les rêves brisés, tous les espoirs déçus,
Toutes les ardeurs défaillantes,
Les stériles efforts, les regrets superflus;

Ils pleurent des larmes amères
Tous ceux dont le bonheur n'a duré qu'un seul jour,
Les mères sans enfants et les enfants sans mères,
Les aimants — s'il leur faut survivre à leur amour.

Tous ceux que l'injustice opprime,
Tous ceux que ronge le remord;
Toute l'humanité, victime
Et de la vie et de la mort!...

II

O Créateur, voilà — telle au moins que l'a faite
L'orgueil aveugle des humains —
Ton œuvre que tes yeux ont pu juger parfaite,
Quand elle sortit de tes mains.

Voilà, maintenant, ce qui reste
De la félicité céleste
Qu'avaient promise les Édens.

Poussière ! poussière ! poussière !

III

Mais, malgré tout, notre âme altière
Qui ne peut oublier les cieux
Garde la vision première
De l'inaltérable lumière
Pour laquelle étaient faits nos yeux.
Malgré l'injure ou la menace
De notre ténébreux destin,
L'espoir demeure en nous tenace
Et nous rêvons de l'aube auguste d'un matin
Dont nulle obscurité n'assombrira la grâce
Et ne ternira la candeur.

Ils brilleront, alors, dans leur clarté sans ombre,
Dans le ruissellement fécond de leur ardeur,
Les astres que ta main fit éclore sans nombre
Dans ton azur, ô Créateur.

Remportant sur la nuit la suprême victoire,
Les soleils éclatants qui racontent ta gloire
Et chantent ta bonté
Se lèveront, alors, messagers de clémence,
Et feront resplendir sur l'univers immense
Le rajeunissement d'un éternel été.
Et, tout à coup, les cœurs, les esprits et les âmes,
Délivrés des chaînes infâmes
De leur trop longue iniquité,
S'embraseront d'amour, en s'épurant aux flammes
De la Justice et de la sainte Vérité !

L'ÉPREUVE

L'ÉPREUVE, quand sur une vie
Le ciel l'ordonne ou la permet,
Grandit, élève et purifie
L'âme brave qui s'y soumet.

Et Dieu, qui règle tout en maître,
Quand il nous traite avec rigueur,
Sans doute, a pour but de connaître
Ce qu'on trouve en nous de vigueur.

Tâchons d'être sans défaillance,
Dans ce redoutable examen.
Dieu récompense la vaillance,
Si ce n'est aujourd'hui, demain.

Mais il veut que, ferme et sereine
Et toujours prête à le bénir,
Notre foi, même dans la peine,
Compte sans peur sur l'avenir.

Il veut que l'on ait confiance
En son éternelle bonté;
Il veut que notre patience
S'abandonne à sa volonté.

Il veut qu'on prie et qu'on espère
Et que, sans jamais se lasser,
On sache qu'étant notre père
Il ne peut pas nous délaisser.

Plus de murmures, plus de plaintes,
Plus même d'envieux chagrins
Qui sont de muettes atteintes
Contre ses décrets souverains.

Chassons toute vaine faiblesse.
Quand Dieu voit que l'homme sourit,
Calme, à sa justice qui blesse,
Alors, sa clémence guérit.

BALLADE

DES MEILLEURS COMPAGNONS

QUAND nous nous mettons en chemin
Sur la route de l'existence,
Nos mères nous donnent la main !
Nous marchons avec confiance.
Les plaisirs, autour de l'enfance,
Poussent... comme des champignons.
Les rires de l'insouciance
Voilà nos meilleurs compagnons.

Plus tard, notre beau ciel serein
A s'assombrir un peu commence ;
Sans connaître encor le chagrin,
Nous le soupçonnons par avance.
Les conseils de l'expérience
(Que cependant nous dédaignons)
Et la paix de la conscience
Voilà nos meilleurs compagnons.

Et puis, quand notre clair matin
Avec son heureuse ignorance
N'est plus qu'un souvenir lointain,
Prenons le mal en patience
Et, si nous voulons allégeance
A nos ennuis, à nos guignons,
Les arts, les lettres, la science
Voilà nos meilleurs compagnons.

Après plus ou moins de souffrance,
A l'heure où nous nous éteignons,
Charité, prière, espérance,
Voilà nos meilleurs compagnons !

AD DEUM

« Parlez, Seigneur, votre serviteur écoute. »

O Seigneur, parlez-nous. Votre voix souveraine
Seule peut dominer tous nos tumultes vains.
Que votre vérité console et rassérène
Nos esprits fatigués des mensonges humains.

Nous avons trop bâti nos œuvres sur les sables
Et trop laissé flotter nos rêves à tous vents;
Ayant semé le grain des espoirs périssables,
Nous récoltons l'épi des bonheurs décevants.

2.

Terrestres voluptés, vos fuyantes chimères
Meurtrissent l'imprudent que leur charme a séduit;
Quand votre éclat rapide est tombé dans la nuit,
Nos yeux restent voilés de larmes bien amères!

Parlez-nous donc, ô vous qui ne trompez jamais,
Maître infaillible, roi tout-puissant, père tendre;
En vous sont tous les biens que nous pouvons attendre,
Il nous faut votre force, il nous faut votre paix!

Parlez. Pour recueillir vos divines paroles,
Nous lèverons vers vous nos cœurs avec nos yeux
Et, rejetant le joug de nos tristes idoles,
Nous recommencerons la conquête des cieux!

Notre âme rouvrira toute grande son aile,
Montant dans les clartés d'un azur toujours bleu;
Et, reprenant son vol vers la joie éternelle,
Ira se reposer dans l'amour de son Dieu!...

LES DERNIÈRES FLEURS

AYONS un grand amour pour les dernières fleurs
Qui naissent quand déjà le vent gronde et fait rage ;
Frêles sont leurs parfums, débiles leurs couleurs,
C'est vrai. Mais aimons-les beaucoup pour leur courage.

Certes, leurs sœurs étaient plus fraîches, à nos yeux,
Quand le joyeux Avril les couvait sous son aile
Et que chaque rayon qui souriait aux cieux
Semblait leur apporter une grâce nouvelle ;

Ah! les roses! Les fleurs heureuses de l'été
Pour nous charmer n'avaient à prendre nulles peines;
Sous la calme chaleur et la calme clarté,
Tous leurs jours étaient doux, toutes leurs nuits sereines.

Mais celles-là, les fleurs tardives sur qui l'air
N'a jamais fait courir qu'une haleine traîtresse,
Qui n'ont jamais connu l'azur limpide et clair
Ni des soleils cléments savouré la caresse;

Qui n'ont jamais senti la fraîcheur des matins
Qu'à travers le frisson des ténèbres moroses
Et qui, sous la menace obscure des destins,
Tremblèrent, aussitôt qu'elles furent écloses;

Celles qui, devinant dans l'automne l'hiver,
Tout de suite ont courbé leur tige langoureuse
Et dont le front craintif ne s'est jamais offert
Aux baisers voltigeants de l'abeille amoureuse;

Celles qui, s'épuisant dans l'incessant effort,
N'ont jamais eu — jamais — l'espérance en partage
Et qui, dans leur combat sans trêve avec la mort,
La voient, à tous moments, triompher davantage...

Celles-là, nous devons les plaindre et les chérir,
Nous devons admirer leur tenace constance
Qui s'acharne à lutter et s'obstine à souffrir,
Pour défendre le peu qu'elles ont d'existence.

Qui sait et qui pourrait dire si ce n'est pas
Pour prolonger l'erreur berceuse de nos rêves
Qu'elles veulent si bien disputer au trépas
Le fragile déclin de leurs heures trop brèves ?

Car, malgré leur pâleur, tant que nous les voyons
Garder en leur corolle un atome de vie,
Nous nous ressouvenons du printemps et croyons
A tout ce dont notre âme, alors, était ravie ;

Tandis que, quand leur charme est tout à fait détruit
Et que du coup mortel le temps les a glacées,
Quelque chose de nous tombe aussi dans la nuit
Et l'ombre pour longtemps envahit nos pensées.

Il faut donc les aimer, il faut donc les bénir,
Elles qui des beaux jours ont ralenti la fuite
Et, par l'illusion du moins, su retenir
Nos mensonges heureux qui s'envolent si vite !...

VIEILLES ROMANCES

O naïves chansons, romances d'autrefois,
Qu'en nos premiers sommeils nous murmurait la voix
Inoubliablement câline de nos mères,
Comme à nos cœurs meurtris vous restez toujours chères!

Oh! comme nous sentons quelque chose de doux,
De bon, de frais, de tendre et de paisible en nous
Qui relève, un moment, nos âmes défaillantes,
Rien qu'à nous souvenir de vos notes tremblantes.

Quelle force est cachée en vos simples accents,
Qui semble défier les menaces du temps?
Et quel charme avez-vous, quelle grâce suprême,
O vieux airs de jadis, qui fait que l'on vous aime?

On ne saura jamais comment vous êtes nés.
Un inconnu vous a, quelque jour, fredonnés
Et, quand l'oubli détruit les plus brillantes gloires,
Vous demeurez vivants dans toutes les mémoires.

LES PLEURS DES ANGES

Mortels dont le Seigneur nous a commis la garde,
Nous descendons vers vous des séjours surhumains,
Pour guider votre marche à travers les chemins
Où souvent votre orgueil imprudent se hasarde.

Nous vous aimons d'un amour fraternel
Et voudrions vous voir, ô faibles hommes,
Docilement soumis, ainsi que nous le sommes,
Aux douces lois de l'Éternel.

Pourquoi, pourquoi faut-il qu'un souffle de folie
Égare à tous les vents vos inconstants désirs
Et que, s'étourdissant au bruit des faux plaisirs,
Votre esprit nous repousse ou du moins nous oublie ?

Pourquoi, pourquoi faut-il que, trop légers, vos cœurs
Soient séduits par le vain mirage des chimères ?...
Ah ! vous faites couler bien des larmes amères
De nos yeux qui n'étaient pas créés pour les pleurs.

Et vous gravez un pli de sombre inquiétude
Sur nos fronts où devrait luire placidement
Comme un reflet serein du calme firmament
L'inaltérable éclat de la Béatitude.

Par vous seuls et pour vous nous sommes soucieux,
Par vous seuls et pour vous nous éprouvons la crainte
Dont, là-haut, nous n'avions jamais subi l'atteinte
Et dont même le nom n'est pas connu des cieux !

Car nous savons combien noires, combien infâmes
Sont, pour vous capturer, les ruses de Satan,
Combien sont périlleux les pièges qu'il vous tend
Et combien sont, pourtant, précieuses vos âmes.

Nous savons ce que vaut, devant Dieu, l'avenir
Que vos rêves d'un jour ont bâti sur les sables
Et que tout est néant des bonheurs périssables
Que vous vous efforcez sur terre d'obtenir.

Pour démasquer l'écueil qu'il faut que l'on redoute
Et vous conduire enfin vers le port de salut,
Vous donnant l'assistance et vous montrant le but,
Nous sommes là, suivant pas à pas votre route.

Sans cesse devant vous nous portons le flambeau
De la Foi, cette pure et radieuse aurore
Des célestes splendeurs qui brilleront encore,
Phares d'éternité, par delà le tombeau.

Mais votre esprit se plonge, aveugle volontaire,
Au gouffre des erreurs et des illusions
Et, de plus en plus lourd, le joug des passions
Vous courbe obstinément vers l'ombre de la terre.

Frères, écoutez-nous; croyez en nous, amis.
Que votre âme se laisse enlever sur nos ailes
Et s'attache, plus haut que les sphères mortelles,
Aux sublimes espoirs que Dieu vous a permis.

Nous la connaissons, nous, l'éternelle patrie
Où le Père céleste appelle ses enfants,
Où ceux que leur vaillance aura faits triomphants
Iront se reposer du labeur de la vie.

Des Saints et des Élus nous voyons le bonheur;
Nous voyons dans quels flots d'intarissable joie
Leur esprit se délecte et leur âme se noie,
En célébrant sans fin les gloires du Seigneur.

Ce pur ravissement du soleil sans nuage,
Cette extase d'amour dans le baiser divin
Sont des félicités sans limite et sans fin
Qui peuvent devenir aussi votre partage.

Celui qui l'a promis est le Juste et le Bon,
Qui sera reconnu fidèle en sa promesse.
Notre voix qui tout bas vous exhorte et vous presse
N'est qu'un écho qui parle à vos cœurs en son nom.

Hommes, méritez donc qu'un jour Il vous accorde
Votre place au banquet sacré des Bienheureux
Et sachez conquérir, d'un effort généreux,
Le royaume de Grâce et de Miséricorde,

Afin qu'en regagnant notre Paradis bleu,
Lorsque pour vous aura sonné la dernière heure,
Nous vous fassions entrer dans la sainte demeure
Et nous vous remettions entre les bras de Dieu!

BALLADE DU FAUX PROVERBE

M ES amis, quoi que nous fassions,
Il faut avouer que la vie
Est pleine de déceptions
Et que *bien fol est qui s'y fie.*
La jeunesse à tort nous convie
A nous bercer d'un vaste espoir;
Armons nous de philosophie.
Non, non, vouloir n'est pas pouvoir!

3.

De toutes nos ambitions
Le sort se moque et les défie.
Laquelle de nos actions
Est d'un succès complet suivie ?
La table est chichement servie
Où les fils d'Adam vont s'asseoir ;
Leur soif n'y peut être assouvie.
Non, non, vouloir n'est pas pouvoir !

D'orgueilleuses prétentions
En vain la science est bouffie ;
Au joug des désillusions
L'humanité reste asservie.
L'aurore tente notre envie...
Elle brille un instant... Le soir
Vient. La clarté nous est ravie.
Non, non, vouloir n'est pas pouvoir !

Pour que notre pied ne dévie
Au rude chemin du devoir,
Que Dieu, d'en haut, nous fortifie !
Non, non, vouloir n'est pas pouvoir !

L'ANGELUS

La neige tombe, tombe, drue
Et fine, du matin au soir.
La masse en est sans cesse accrue;
Et tout est blanc sous le ciel noir.

La rafale, avec violence,
Faisant tourbillonner dans l'air
Les flocons légers, les balance
Comme des papillons d'hiver.

Elle vole, tourne et se pose
Partout, embrumant l'horizon
Et, bon gré, mal gré, porte close,
Chacun chez soi reste en prison.

Tout s'efface, couleur et forme,
Sous ce linceul blafard et froid.
Il faut que tout soit mort ou dorme.
Silence. Ombre. Rien ne se voit,

Rien ne s'entend... hormis la cloche
Qui tinte, amortissant son bruit,
Quand le jour naît et quand approche
La première heure de la nuit.

SOMMEIL D'ENFANT

L'ENFANT sourit dans son sommeil
A mille séduisantes choses;
Tout prend sous ses paupières closes
Plus d'éclat que n'en eut jamais aucun soleil.

Il entend chanter sur sa tête
Tout un concert mélodieux
D'anges ou d'oiseaux qui font fête
Aux espoirs dont s'emplit son cœur insoucieux.

Il lui semble, dans son beau rêve,
Qu'il va ramasser, simplement,
Comme des cailloux sur la grève,
Tous les astres dont Dieu sema le firmament.

Sous des lueurs d'apothéoses,
En fantastiques tourbillons,
Il voit sans surprise les roses
S'envoler et courir après les papillons.

Enfin, dans sa gloire éternelle,
Dominant tout, planant sur tout,
Le bon ami Polichinelle
Dans un nuage d'or et de pourpre est debout!

A AUTEUIL

EUX

A cinq *Gavroche !* à deux, *Cachette ! Fagotin*
A trois ! — S'il saute bien la *banquette irlandaise*
Et le *brook, Romulus* gagnera, c'est certain.
— Ça dépend du jockey. Savez-vous ce qu'il pèse ?

MOI

Mon Dieu ! que le printemps est joyeux, ce matin !
Quel beau ciel pur et bleu ! Comme on respire à l'aise,
A pleins poumons, malgré Paris trop peu lointain,
La bonne odeur des bois dont la fraîcheur apaise !

EUX

Pour dimanche prochain, quels sont les favoris ?
Je suis à sec et j'ai grand besoin de revanche ;
Pourvu que dans huit jours je gagne mes paris !

MOI

Je voudrais qu'il fît beau, pour revenir, dimanche.
Pourvu que je retrouve encor l'épine blanche !
Pourvu que les lilas ne soient point défleuris !

EN SLEEPING CAR

RONDEL

Je vais au-devant du printemps,
Là-bas, entre Marseille et Nice.
Il faut bien que l'ordre du Temps
Comme Dieu le veut s'accomplisse;

Donc l'hiver, la pluie et les vents,
C'est bon, — pourvu que ça finisse. —
Je vais au-devant du printemps,
Là-bas, entre Marseille et Nice.

4

Les Parisiens grelottants
Passent de jujube à réglisse
Et depuis six mois je n'entends
Qu' « Atchoum ! » et que « Dieu vous bénisse ! »
Je vais au-devant du printemps,
Là-bas, entre Marseille et Nice.

Nuil du 8 au 9 avril 1898.

AVEC AVRIL VOUS ÊTES NÉE

A Mademoiselle E. R.

AVEC Avril vous êtes née.
Le gentil parrain que voilà !
Le jour où votre âme étonnée
S'ouvrit, le printemps s'éveilla.

Dissipant les ombres moroses,
Le soleil revenu d'exil,
Préparait les lys et les roses,
Quand vous êtes née en Avril !

Et les bienfaisantes haleines
Qui verdissent le renouveau
En même temps que sur les plaines
Ont passé sur votre berceau.

Et, comme cela, tout s'explique,
Ce que j'entends, ce que je vois.
Des oiseaux la claire musique
Chante encore dans votre voix;

Les rayons qui doraient l'espace
Aux matins du mois enchanté
Vous ont laissé toute la grâce
De leur virginale gaîté.

Avril, dont le seul nom caresse
L'âme et l'emplit d'espoirs joyeux,
A versé toute sa jeunesse
Dans votre cœur et dans vos yeux !

MATER DEI, MATER NOSTRA

Musique de René de Boisdeffre.

« Tuos misericordes oculos ad nos converte. »

CHOEUR

Sainte Vierge Marie, à son heure dernière,
Léguant à votre amour les hommes rachetés,
Jésus vous dit, du haut de sa croix, au Calvaire :
     « Ma mère, devenez leur mère! »
     Et vous nous avez adoptés.

     Et maintenant, Vierge Marie,
Dans le rayonnement de l'éternelle vie,
     A travers les siècles sans fin,

Dans la béatitude et l'extase ravie,
Par les anges du ciel honorée et servie,
Vous régnez à côté de votre fils divin !

Vous avez votre part de sa toute-puissance
Et sur vous la douceur immense de ses yeux
Verse à flots la tendresse et la reconnaissance,
Car vous êtes encor sa mère dans les cieux !

SOLO

O le délicieux et rassurant mystère !
Lui, le maître absolu des peuples et des Rois,
Qui créa l'univers et le tient sous ses lois,
Il se souvient qu'il est venu sur notre terre.
Marie, il se souvient qu'en naissant ici-bas,
Il dormit son premier sommeil entre vos bras,
Que votre amour était sa force et sa défense
Et que ses jeunes pleurs se laissaient apaiser
Par votre cher sourire et votre cher baiser !...

Ce Jésus, qui peut tout, ne peut rien refuser
A celle qui prit soin de sa petite enfance
Et qui l'a tant de fois bercé sur ses genoux !

CHOEUR

Du trône où l'Éternel exalte votre gloire,
O vierge, abaissez donc votre pitié sur nous;
De vos jours d'autrefois conservez la mémoire.
Rappelez-vous les maux que nous subissons, tous,
Tant que dure l'exil en ce pays des larmes.
Tout est lutte, tout est péril, tout est effort!
Nous sommes ballottés, d'alarmes en alarmes,
Des tourments de la vie aux horreurs de la mort!

Vous pouvez nous sauver. Oui, venez à notre aide,
Daignez tourner vers nous vos yeux compatissants;
Que votre douce voix maternelle intercède
Près du fils glorieux pour les fils gémissants!

BALLADE

EN L'HONNEUR DES VIEUX

Quand on n'en est qu'à ses vingt ans,
Ou l'on ignore ou l'on oublie
Tout ce qui n'est pas le Printemps.
On a l'âme si bien remplie
D'illusions et de folie
Qu'on croit vraiment que tous les cieux
Ont l'ardeur du ciel d'Italie...
Il est bon d'écouter les vieux.

De leurs souvenirs hésitants
Très sage est la mélancolie,
Quand l'histoire des anciens temps
Se réveille en eux, embellie.
Alors, leur langue se délie ;
Loin de les trouver ennuyeux,
Prêtons une oreille... polie.
Il est bon d'écouter les vieux.

Il faut, devant ces combattants
Dont la face est déjà pâlie
Et les pas déjà tremblotants,
Que la jactance s'humilie.
Le poids de la tâche accomplie
Est un joug souvent glorieux ;
Honneur au front que l'âge plie ;
Il est bon d'écouter les vieux.

Princesse entre toutes jolie,
Jeunesse, au beau rire joyeux,
A toi s'adresse l'homélie :
Il est bon d'écouter les vieux !

SOLEIL COUCHANT

Le soleil, par degrés s'affaiblissant, décline
Et disparaît, enfin, derrière la colline.

Du fond de l'horizon tout prêt à se ternir,
Un reflet vague et doux glisse encor sur la plaine...

Ainsi l'espoir, sur nous brillant un jour à peine,
Nous laisse le rayon pâle du souvenir.

ÉCRIT SUR L'ALBUM

D'UN COMPOSITEUR

Le poète est heureux d'enfermer ses pensées,
Comme une perle fine en un fidèle écrin,
Dans le rythme enchanteur des phrases cadencées
Plus durables, parfois, que le marbre ou l'airain.

Mais le musicien, plus digne encor d'envie,
Peut, rendant les accords dociles à ses lois
Et laissant palpiter son âme dans sa voix,
Donner même à son rêve une éternelle vie.

BON CASTOR

CROQUIS

CHAQUE matin, je fais un tour dans la campagne
Et mon fidèle ami, bon Castor, m'accompagne.
Mon livre sous le bras, je ne vais pas bien loin
Pour trouver un endroit qui me convient, un coin
Des herbages normands où la mousse est fleurie,
L'ombre fraîche, propice à la rêvasserie.
Je m'assieds. Bon Castor s'assied auprès de moi,
En somnolant un peu. Je ne sais guère à quoi
Je pense. Au moindre bruit suspect, le chien se dresse,
Puis se recouche, encor plus près de ma caresse;

Car il prend mes genoux, souvent pour oreiller.
De loin, montent vers nous des cris de poulailler,
Nous entendons les veaux beugler, les ânes braire,
Dans les enclos voisins, sans nous laisser distraire
Du songe vague et doux que nous faisons tous deux.
De leur pas solennel et tranquille, les bœufs
Viennent, en tortillant leur bouche toujours pleine,
Nous faire les honneurs de leur calme domaine;
Puis, nous ayant longtemps considérés, s'en vont
Du même pas tranquille et solennel, le front
Perpétuellement penché vers la pâture.

O Normandie! Aimable et féconde nature!...

Si loin qu'à l'horizon peut errer le regard,
Sous la splendeur du ciel serein, de toute part,
Autour de moi je vois, à l'infini, s'étendre
Les coteaux et les prés, d'un vert encore tendre,
Où s'agitent au gré capricieux des vents,
Comme des flots sans cesse onduleux et mouvants,
Les épis que l'été va mûrir et les herbes
Qui, vienne la Saint-Jean, feront des foins superbes.
Par ci, par là, sortant d'un fouillis de buissons,
Apparaissent les toits de quinze ou vingt maisons,
Et, droits dans l'épaisseur confuse des feuillages,
Les modestes clochers de deux petits villages

Et tout là-bas, là-bas, si l'on a de bons yeux
Et si le temps est clair, Saint-Pierre de Lisieux.

Saules et peupliers, à la pâle verdure,
Mélangeant leurs rameaux, d'une double bordure
Abritent, en suivant ses paresseux détours,
La rivière indolente et muette en son cours.
C'est *la Toucques*. De prés en prés, de ville en ville,
Elle s'en va (mondains, saluez!) à *Trouville!*

J'ajoute, voulant peindre un fidèle tableau,
Qu'à mes pieds, murmurant, coule un autre cours d'eau
Beaucoup moins large et moins profond que la rivière.
Je l'aime mieux, pourtant. Roulant de pierre en pierre
Ses petits flots pressés, sautillant, bondissant,
Il se dépêche, il court tout droit, disparaissant,
Parfois, sous les roseaux inclinés en arcades
Et forme à tous moments d'écumeuses cascades.

Les glouglous réguliers qu'en tombant elles font
Semblent, comme un écho, remuer tout au fond
De mon esprit des mots bien sonnants, des pensées
S'exprimant sans effort en phrases cadencées;
Et, presque malgré moi, comme « l'occasion
Fait le larron », voici que l'inspiration

S'éveille. J'ai tiré mon crayon de ma poche,
Je griffonne, sans peur si ce n'est sans reproche.
Pour le sujet, je n'ai que l'embarras du choix;
Un charme est répandu sur tout ce que je vois.
Ma verve, je le sens, va toucher au sublime!...

C'est fait. Quatorze fois la raison et la rime
Et le rythme se sont mis d'accord. Mon carnet
Se trouve donc encore enrichi d'un sonnet.
Mais, direz-vous, Castor?

                  Digne chien d'un poète,
Il est très patient. Voyant que je m'apprête
A relire tout haut, pour mieux juger l'effet,
Mon œuvre dont je suis, entre nous, satisfait,
D'un Pylade nouveau Castor nouvel Oreste,
Ne veut pas perdre un mot, ne veut pas perdre un geste,
Il fixe sur mes yeux ses yeux intelligents,
Bat de la queue et plus poli que bien des gens
Qui ne me comprendraient pas mieux que lui, sans doute,
Devinant que cela doit me flatter, m'écoute.

Château de Saint-Germain-de-Livet, septembre 1887.

RÉCLAME POSTHUME

Dans la ville, un matin, le bruit s'est répandu
Qu'*un tel* est mort. Chacun vide son écritoire
Pour vanter les talents, l'intégrité, la gloire
De cet homme éminent que la France a perdu.

Il n'a jamais rien dit qui ne fût méritoire
Et notre hommage à tout ce qu'il a fait est dû;
Grand cœur et grand d'esprit. Bref, il est entendu
Que son nom est de ceux que gardera l'histoire.

Moi, je trouve qu'il eut beaucoup d'humilité,
Car il cachait si bien ce noble caractère
Que nul, de son vivant, ne s'en était douté

Et que, pour dissiper le brouillard de mystère.
Qui tenait sa valeur en pleine obscurité,
Il n'a pas fallu moins que de le mettre en terre.

DEMAIN

DEMAIN!... Quand nous sortons de la joyeuse enfance
Et que l'aurore éclaire encor notre chemin,
Comme, à ce mot, nos cœurs sont réjouis d'avance!
Que d'espoirs il contient, ce petit mot : Demain!...

Plus tard — un peu plus tard — le temps marche si vite!
Quand déjà le soleil à l'horizon descend,
On le dit gravement, et parfois on l'évite,
Ce mot, dont le mystère apparaît menaçant.

REGRETS TARDIFS

Pour aller, chaque jour, près de la vieille mère,
Passer une seule heure, on se faisait prier;
Toujours quelque souci de plaisir ou d'affaire
Venait vous disputer au devoir du foyer.

Maintenant, la maison maternelle est fermée,
Pour toujours... et, les yeux mouillés, quand vient le soir,
On songe à la douceur de cette place aimée
Où jamais, plus jamais, on n'ira se rasseoir !...

GRATIAS AGAMUS

MON Dieu, nous savons bien que, tout puissant et sage,
Vous tenez l'avenir du monde en votre main
Et que l'homme ici-bas, pauvre oiseau de passage,
De votre bonté seule attend un lendemain.

Aussi, quand nous sentons s'approcher la tempête,
Pour crier au secours nous nous tournons vers vous;
Dociles et soumis, nous inclinons la tête;
Humbles et suppliants, nous ployons les genoux.

Mais lorsque du destin s'apaise la menace
Et dès que l'horizon s'éclaircit à nos yeux,
Notre cœur, où l'orgueil reprend vite sa place,
De vos droits souverains redevient oublieux.

Follement notre esprit à lui-même se fie
Et nous ne pensons plus, en goûtant cette paix,
Que nous vous la devons et que, dans toute vie,
Tout instant de toute heure est un de vos bienfaits,

HEURE D'EXTASE

Voix célestes, chantez. Chantez, ô voix amies ;
Voix pures dont la force est faite de douceur,
Chantez. Sans l'alanguir, pacifiez mon cœur ;
Bercez, en les calmant, mes douleurs endormies.

Chantez et ranimez — fût-ce pour un seul jour
Ou pour une seule heure — au fond de ma pensée,
Où la trace en demeure encore ineffacée,
Les fiers et beaux élans d'innocence et d'amour.

Chantez. De mon esprit chassez l'ombre et le doute.
Si je lève la tête et tiens fixés mes yeux
Sur la sublimité des sommets glorieux,
Je n'apercevrai plus les pierres de ma route.

Chantez, et vers le but je marcherai sans peur.
Oui, malgré les leçons sévères de la vie,
J'irai, comme l'enfant candide qui se fie
Au mirage toujours poursuivi du bonheur.

Chantez. Rouvrez en moi les sources d'une joie
Que jamais nul hiver ne glace ou ne tarit !
Que tout ce qui désole et tout ce qui flétrit
Dans des flots d'immortelle espérance se noie !

Chantez, voix qui savez le langage divin,
Le cantique éternel de lumière et de gloire ;
Chantez et ravissez mon âme qui veut croire
A l'azur sans nuage, au soleil sans déclin !

RONDEL DES AMIS D'AUTREFOIS

Ceux-ci devant, ceux-là derrière,
Tous mes bons amis d'autrefois
Pour se lancer dans la carrière
Ont fait diversement leur choix.

Mine piteuse ou mine altière,
Un peu partout je les revois,
Ceux-ci devant, ceux-là derrière,
Tous mes bons amis d'autrefois.

Mais, quand je passe au cimetière,
Je lis leurs noms sur bien des croix,
Superbes, gravés dans la pierre
Ou, modestes, peints sur le bois;
Et j'évoque en une prière
Tous mes bons amis d'autrefois.

LA VILLA DES OFFICIERS

DE L'ARMÉE FRANÇAISE A NICE

Le 5 Novembre sera terminé l'aménagement
à Nice de la villa Furtado-Heine, offerte, comme
on sait, par sa propriétaire au ministre de la
guerre pour les officiers de l'armée française.

(Extrait de tous les journaux de 1895).

Vous dont l'âme virile, éprise de la guerre,
Des soins de l'avenir jamais ne se troubla,
Braves soldats français, vous ne vous doutiez guère
Qu'à Nice vous auriez, un jour, votre villa.

Mais quelqu'un chez qui Dieu plaça bien la richesse,
Quelqu'un qui prévoyait pour les imprévoyants
Voulut que ce domaine offert par sa largesse,
Cet asile de paix, appartînt aux vaillants.

Généreuse action! Délicate pensée!
Donc elle est maintenant à vous, cette maison.
Si votre force, avant votre ardeur, est lassée,
Venez; l'air est salubre et clément l'horizon.

Vous qu'a meurtris l'épée ou brûlés la morsure
Traîtresse du soleil, sous les fauves climats,
Venez sous ce ciel doux guérir votre blessure;
Le soleil du pays ne vous trahira pas.

Devisant entre vous d'honneur et de courage,
De vos jours de labeurs, de vos jours de succès,
Goûtez l'apaisement enchanté d'un rivage
Que la valeur de vos aînés a fait Français,

Et, tout vibrants encor de vos rêves de gloire,
Savourez un repos noblement mérité,
A l'ombre des lauriers, dans la fière cité
        Dont le nom veut dire : *Victoire!*

IMITÉ D'UN SONNET ITALIEN

Je pense qu'elle est froide et n'a pas une fleur,
La terre où pour jamais tu dors. Et moi, ta mère,
Je ne peux que gémir et prier. Ma prière
Est sans puissance, hélas! et vaine est ma douleur.

Avril va revenir... mais sans que sa lumière
De ta tombe glacée adoucisse l'horreur,
Sans qu'un rayon du ciel, se glissant sous la pierre,
Aille effleurer tes yeux et réchauffer ton cœur.

D'autres enfants, aimés comme tu fus chérie,
Iront joyeusement cueillir dans la prairie
Les fleurs dont le printemps couronnera leur front;

Mais toi, doux front pâli, vous, douces lèvres closes,
Quand Avril renaîtra, ni les senteurs des roses
Ni l'éclat du soleil ne vous réveilleront!

QUATRAIN

ÉCRIT A LA GRANDE CHARTREUSE

L'ORGUEIL de ces grands monts baignés dans la lumière
Semble d'ici vouloir escalader les cieux.
      L'humilité de leur prière
D'ici porte vers Dieu l'élan des cœurs pieux !

8 Août 1887.

QUATRAIN

APRÈS LA MORT DE CHARLES GOUNOD

Dans la mort, immortel et tranquille, il sommeille,
Puisqu'à la tombe tout finit par aboutir.
Sur la pierre, à genoux, Marguerite et Mireille
Chantent, voix d'innocence et voix de repentir!

SONNET A MASSENET

APRÈS LA PREMIÈRE REPRÉSENTATION DU CID

P UBLIC, *as-tu du cœur ?*

        — Je l'ai bien fait connaître
A la sincérité du généreux transport
Dont j'ai fêté ce *Cid* à la fois doux et fort
Qui n'est plus *coup d'essai* mais reste *coup de maître.*

Toucher au *Cid,* c'était audacieux, peut-être ;
Mais qui veut le succès n'a point peur de l'effort.
Et Corneille immortel, tressaillant dans la mort,
Sourit au descendant digne d'un tel ancêtre.

Oui, votre âme est montée au niveau de son cœur;
Et la Muse, inspirant votre œuvre, après la sienne,
Met un nouveau laurier à la couronne ancienne.

Puisque, par vous, Rodrigue est encore vainqueur,
Notre France, à présent, sera deux fois gardienne
De sa gloire et deux fois riche de son honneur!

1885.

A EUGÈNE LACHEURIÉ

Est-ce au musicien qu'aujourd'hui je m'adresse?
Ou bien au peintre? Heureux *Maître-Jacques* de l'art,
O vous qui parvenez, avec la même adresse,
A charmer tour à tour l'oreille et le regard

Et recevez avec une égale tendresse
Les leçons de Corot et celles de Mozart,
Les filles d'Apollon de la divine ivresse,
En leurs festins sacrés, vous donnent double part.

J'en profite. Et deux fois je vous en remercie.
Tandis que votre chant à mes vers s'associe,
Leur prêtant des accords la durable beauté,

Votre pinceau qu'inspire une amitié fidèle,
Du poète prenant la tête pour modèle,
Lègue mes humbles traits à la Postérité.

REPENTIR

Poésie lue au banquet des anciens élèves du Lycée Condorcet,
le 26 janvier 1888.

SAVEZ-VOUS d'où je viens, l'œil morne, le front bas,
Comme un homme assez peu content de sa conduite,
Tourmenté d'un remords ? — Vous ne devinez pas ?
Non ? — Je vous ferai donc mon aveu tout de suite.

Je descends du cinquième étage. Mon grenier
Est plein à déborder de vieille paperasse ;
Et je voudrais donner ou vendre au chiffonnier
Ce paquet, grossissant toujours, qui m'embarrasse.

J'ai là-dedans un peu de tout : des manuscrits,
Des cahiers, des cartons, de temps en temps, un livre
Dont le poids du marché doit augmenter le prix,
Puisqu'on fait ce petit commerce à tant la livre.

Tout cela vous paraît très simple, très banal ;
Et, même en supposant scrupuleuse mon âme,
Vous n'apercevez là rien qui ressemble au mal
Et motive un remords ou justifie un blâme.

Attendez. J'ai bravé la poussière (et les rats,
Peut-être), pour dresser un peu mon inventaire;
Du bout d'un doigt prudent, j'ai fouillé dans le tas
De ces chaos gisant pêle-mêle par terre ;

Et j'ai trouvé, débris navrants des jours lointains,
Dans cet obscur monceau d'épaves dédaignées,
Mes classiques, — oui, tous, — les grecs et les latins,
Pour reliure ayant des toiles d'araignées.

Sophocle, Eschyle, Homère, Eurypide, pardon !
Tacite, Cicéron, Virgile, Horace, Ovide,
Pardon ! Maîtres premiers du vrai, du beau, du bon,
Source pure où jadis a bu ma lèvre avide !

Car, vous le savez bien, je n'étais pas de ceux
Qui, rebelles et sourds aux grâces infinies
De vos doux entretiens, — obtus ou paresseux, —
Ont de leurs bâillements offensé vos génies.

C'est vous, je le comprends et l'ai toujours compris,
Les vrais éducateurs, les vrais charmeurs des hommes.
Nous devons aux clartés de vos brillants esprits,
Si peu que nous soyons, d'être ce que nous sommes.

Même quand vous étiez le devoir malaisé,
La version parfois obscure et résistante;
Pis encor, le pensum à l'espiègle imposé,
Jamais je n'ai trouvé votre voix rebutante.

Loin de là. J'ai senti bien souvent votre cœur
Battre sous les feuillets silencieux du livre
Et, dédaigneux du temps et de l'oubli vainqueur,
Le souffle généreux de votre âme revivre.

J'ai pris goût à vos vers ou tendres ou puissants;
C'est à leur bruit berceur que mille bonnes choses
(Qui m'échappaient alors et qu'aujourd'hui je sens)
Fleurs de l'esprit, en moi jour à jour sont écloses.

Mais de ce bel amour l'unique résultat
C'est que, depuis vingt ans, plus de vingt ans, vous êtes
Délaissés sous les toits, en ce piteux état,
Illustres orateurs et sublimes poètes!

Et, pendant ce temps-là, si je l'ose, voyons
Quels livres sont rangés sur les plus belles planches
De ma bibliothèque, en avant des rayons,
Vêtus de maroquin et dorés sur les tranches.

Quels sont-ils, ceux à qui mon caprice a permis
D'envahir un par un auprès de moi la place
Qu'on réserve aux meilleurs de ses plus chers amis
Et d'où, plus bête encor que méchant, je vous chasse?

Certes, parmi ceux-là, grâce au ciel, il en est,
(Puissé-je sans mentir ajouter en grand nombre),
Que pour dignes de vous la Muse reconnaît
Et qui peuvent en paix s'abriter à votre ombre.

Il en est qui, vos fils, seront vos héritiers,
Se feront une gloire à côté de vos gloires;
Qui, comme vous, jamais ne mourront tout entiers
Et dont l'œuvre vivra dans toutes les mémoires.

Mais que d'autres, mon Dieu! que d'autres, impuissants
Pour tout sinon pour faire autour d'eux grand tapage,
Qui savent aujourd'hui nous voler notre encens,
Dont il ne restera demain pas une page!

Que de jongleurs de mots sonores, charlatans
De la rime, inventeurs d'étranges épithètes,
Qui, par des airs de sphinx et de pseudo-titans
Nous dupent et se font prendre pour des poètes!

Pour les comprendre, on fait de pénibles efforts.
C'est en vain. La raison de leurs vers est chassée
Et le bon sens en est proscrit. Des gens si forts
Sur la forme n'ont plus besoin de la pensée!

Que d'élucubrateurs d'insipides romans
Qui, des mœurs promettant la fidèle peinture,
Dans les égouts fangeux puisent leurs *documents*
Et croient que l'Art est fait pour salir la Nature.

Que d'écrivains prônés dont l'unique talent
Consiste à dire, avec un aplomb gigantesque,
Que l'ombre est la clarté, que le noir est le blanc,
Que le vrai c'est l'absurde, et le beau le grotesque;

Que le crime est vertu ; que désormais il faut,
Pour que le monde soit en parfait équilibre,
Mettre partout la tête en bas, les pieds en haut,
Enchaîner le mouton, laisser le tigre libre !

J'en passe. Par bonheur, il en est temps encor,
Je veux faire aujourd'hui justice bonne et prompte.
Je veux de ce plomb vil savoir distinguer l'or ;
J'ai suivi le courant mauvais... Je le remonte !

Assez et trop longtemps ceux-là m'auront trompé
Qui pour mérite n'ont que leur outrecuidance,
Assez et trop longtemps ils auront usurpé
Cette place conquise à force d'impudence.

Qu'ils en soient donc bannis à jamais. Ce sont eux
Qui des papiers à vendre iront grossir le compte ;
Eux qui, pour expier leurs rêves orgueilleux,
Dans les boîtes des quais iront mourir de honte !

Et vous, mes maîtres, vous, les enfants premiers nés
De la Muse latine et de la Muse grecque,
N'ayez point de rancune et, vite, revenez,
Pour y rester toujours, dans ma bibliothèque.

Comme il me sera bon, comme il me sera doux,
Maîtres, de retrouver vos amitiés fidèles
Et de redevenir disciple, auprès de vous,
A l'école des seuls impeccables modèles !

Je vous aimerai plus encore qu'autrefois,
Puisque je saurai mieux vous entendre, sans doute;
Qu'un écho de la grâce antique, à votre voix,
S'éveille en moi. Parlez, maîtres, je vous écoute.

Parlez. Et rendez-moi, du moins en souvenir,
Les jours lointains déjà de mes belles années,
Comme un matin d'Avril suffit à rajeunir
Toutes les fleurs au vent de l'automne fanées !

Rendez-moi ces espoirs, ces ardeurs d'un printemps
Dont l'image bientôt sera presque effacée
Et ces rêves qu'on fait, avant d'avoir vingt ans,
Sous le tranquille abri de notre vieux *Lycée !*

II

Cinq poésies Russes

LA CHANSON D'AUTREFOIS

D'APRÈS UNE POÉSIE RUSSE DE PLESCHTSCHEEFF

Ma mère, chante encor la chanson d'autrefois,
Celle qui, si souvent, si souvent, m'a bercée,
Lorsque, sur tes genoux blottie et caressée,
Je m'endormais, le soir, en écoutant ta voix!

Tu chantais, le cœur plein d'une tristesse amère,
Rêveuse, tu chantais très bas, très lentement,
Et de tes yeux pensifs, noircis par le tourment,
De tes grands yeux, tombaient des larmes, ô ma mère!

L'air était simple et doux; il me semblait touchant
Et je l'aimais, pourtant sans rien pouvoir comprendre
Aux mots que tu disais, presque sans les entendre.
Redis-moi maintenant, mère, cet ancien chant.

Elle est bien loin de moi, mon heureuse ignorance;
Les paroles du vieux refrain, je les entends.
C'est à chacun son tour et j'ai, depuis longtemps,
Compris tout ce qui parle à nos cœurs de souffrance.

Ma mère, chante-moi la chanson d'autrefois.
Car le sommeil console et permet qu'on oublie
Tous les fardeaux que fait sur nous peser la vie.
Si je pouvais encor m'endormir à ta voix!

L'AUTOMNE

PAROLES ADAPTÉES A UNE MÉLODIE DE TSCHAÏKOWSKY
D'APRÈS UNE POÉSIE RUSSE DE PLESCHTSCHEÈFF

De brouillards moroses
Les cieux sont couverts;
Il n'est plus de roses
Ni de gazons verts.
Du dernier feuillage,
Dans les bois flétris,
Sous le vent sauvage,
Tombent les débris.

Et l'oiseau s'étonne
Des frissons de l'air...
C'est déjà l'automne,
C'est bientôt l'hiver!

L'ombre envahissante
Trouble aussi le cœur;
L'âme est frémissante
D'une vague peur.
L'avenir menace,
L'espérance fuit.
Comme dans l'espace,
En nous vient la nuit;
Car il n'est personne
Qui n'en ait souffert,
Du perfide automne,
Du brutal hiver.

O saison maudite,
Qui, par tes rigueurs,
Fais prendre la fuite
A tous nos bonheurs!
Nous aimions encore
Le limpide azur
Et la fraîche aurore
Et le beau ciel pur.

O saison maudite,
Souffles redoutés,
Que vous chassez vite
Les joyeux étés !

L'HIVER

D'APRÈS UNE POÉSIE RUSSE DE PLESCHTSCHEEFF

Le grand-père, debout dès qu'a brillé l'aurore,
Se hâte tant qu'il peut de monter, le bon vieux,
Vers la chambre bien close où sommeillent encore
Les petits. Et sitôt qu'ils entr'ouvrent les yeux,

« Enfants, je vous apporte une bonne nouvelle,
Dit-il ; assez longtemps vous fûtes ennuyés
Par l'automne maussade et sa pluie éternelle.
Vous demandiez l'hiver. Il est venu. Voyez !

« Pendant que vous dormiez, chaudement, dans la chambre,
Toute la nuit, la neige est tombée et voici
Qu'il gèle maintenant comme au cœur de décembre.
Le traîneau filera bien sur le sol durci ! »

Les mignons longuement se frottent la paupière
Et jettent sur l'aïeul des regards hésitants.
Mais, lui, tire soudain les rideaux. La lumière
Pénètre, tout à coup, en rayons éclatants.

Tout le monde a sauté hors du lit et se penche
Vers la fenêtre : « Ah ! tiens, le grand-père a raison.
La neige, c'est la neige ! et la campagne est blanche
Sous le soleil qui rit, joyeux, à l'horizon !

« On dirait de l'argent splendide où le jour lance
Des diamants. Les yeux en sont tout éblouis...
La neige ! C'est vraiment la neige ! Ah ! quelle chance ! »
Et tous les fronts et tous les cœurs sont réjouis.

Car chacun en esprit voit se dresser l'image
Des plaisirs que le plus ont appelés ses vœux :
Glissades en traîneau, culbutes, patinage,
Et l'arbre de Noël étincelant de feux !

JALOUSIE

D'APRÈS UNE POÉSIE RUSSE DE PIERRE TSCHAÏKOWSKY

Tu veux savoir, ô bien-aimée,
D'où vient la secrète douleur
Dont souffre mon âme alarmée
Et qui me déchire le cœur.

C'est un mal cruel que j'endure.
Je suis jaloux. Oui, jour et nuit,
Toujours le doute me torture,
Toujours le soupçon me poursuit.

Veuille Dieu que ce soit folie
Et que je tremble vainement;
Mais sois bonne, je t'en supplie,
Et prends pitié de mon tourment.

Pour moi seul garde ton sourire,
Écoute seulement mes vœux;
Si quelque autre pour toi soupire,
Ferme l'oreille à ses aveux.

Ton regard, reflet de ton âme,
Est si pur et si radieux
Qu'il n'est point de cœur que n'enflamme
Le moindre rayon de tes yeux!

Hélas! et si doux est le charme
Séducteur qui réside en toi,
Que ce qui m'enchante m'alarme
Et que ma joie est mon effroi!...

LES PÉCHERESSES

D'APRÈS UNE POÉSIE RUSSE DE MAÏKOFF

Sous terre, au fond des Enfers sombres,
Se lamentent languissamment
Les pécheresses, pâles ombres
Qu'écrase un éternel tourment.

Les filles, les femmes, entre elles,
Gémissent, dans l'anxiété
D'être pour toujours sans nouvelles
Du monde qu'elles ont quitté.

Le monde?... Existe-t-il encore
Une terre verte, un ciel bleu,
Et des temples où l'on adore
Les saintes images de Dieu?

Près du foyer, les jeunes filles,
Le soir, en chantant à mi-voix,
Font-elles courir les aiguilles
Sur les métiers, comme autrefois?

Nul bruit, dont un écho transpire
A travers l'infernal plafond,
Ne leur viendra plus jamais dire
Ce que, là-haut, les hommes font.

III

Hommage à Boïeldieu

HOMMAGE A BOÏELDIEU

Et célébration de la centième représentation du théâtre lyrique
de la Galerie Vivienne.
Pièce dite par M. Berthon, le 9 février 1895.

I

Ils étaient endormis les chefs-d'œuvre français
Sur les lauriers, si verts jadis, de leurs succès.
L'impitoyable oubli sur leur gloire passée
Augmentait la noirceur de la nuit amassée.

Mais le jour reparaît...

                    Quand le Prince Charmant
S'approche, tout à coup, la belle au Bois dormant

S'éveille, à son baiser respectueux et tendre,
L'accusant — gentiment — de s'être fait attendre!
Et, comme si pour elle il se fût arrêté,
Le Temps n'a point flétri de rides sa beauté,
Son front, qu'un renouveau miraculeux caresse,
Est tout brillant encor de grâce et de jeunesse.

Comme, autour d'elle, tout dormait de son sommeil,
Tout revit, la voyant revivre. Le soleil
Se ranime; les fleurs, par maléfice closes,
Retrouvent leurs parfums de lilas et de roses;
Les oiseaux, qui croyaient les ramages finis,
Reprennent la chanson gazouillante des nids
Et la sérénité de la fraîche lumière
Rayonne au firmament comme à l'aube première!

Ils étaient endormis les chefs-d'œuvre français
Sur les lauriers, si verts jadis, de leurs succès.
Chaque jour autour d'eux faisait l'ombre plus noire;
Ils allaient n'être plus, bientôt, que de l'histoire!...

Mais au Prince Charmant qui passa par ici
Les chefs-d'œuvre français peuvent dire merci.
Merci, public, à toi, dont le désir fidèle,
De loin, les uns après les autres les rappelle!

Aujourd'hui, grâce à vous, c'est la centième fois,
Que leur voix a pour vous chanté par·notre voix
Et qu'en cette maison, pour elle hospitalière,
Leur Muse est revenue, aimable et familière.
Des spectacles anciens, vous, spectateurs nouveaux,
Vous les ressuscitez au bruit de vos bravos;
Certes, vous avez bien mérité des vieux maîtres,
Fils pieux qui rendez la vie à vos ancêtres
Et vous méritez bien de la France, Français
Qui demeurez gardiens jaloux de ses succès.

II

Maintenant, Boïeldieu, que notre juste hommage
En célébrant ton nom, couronne ton image...

Être admiré c'est bien, mais être aimé c'est mieux.
Tu le fus et, malgré d'impuissants envieux,
Tu le dois être encore. En ton souple génie,
A la simplicité l'élégance est unie,
La science d'alors à la grâce. Tes chants
Qui sont fins par l'esprit, par le cœur sont touchants.
Ils reposaient Napoléon entre deux guerres
Et beaucoup, parmi nous, ont entendu leurs mères

9

Les fredonner, le soir, auprès de leurs berceaux.
Et c'est pourquoi, souvent, par bribes et morceaux,
Quand nos rêves s'en vont vers les choses passées,
Leur vague écho revient traverser nos pensées.
Au gré de ton caprice ou de l'occasion,
Passant du grave au doux, ton inspiration
A tous les vents jetait, magnifique et prodigue,
Tes refrains par milliers sans effort ni fatigue;
Et sans effort aussi, charmés plus que surpris,
Tes auditeurs t'avaient du premier coup compris.
Dans tes accords n'allant pas chercher trop de choses,
Ils n'avaient nul besoin de consulter des gloses
Et rentraient au logis, dispos, contents et gais
De t'avoir applaudi, sans s'être fatigués.

Pourtant, si de ces mots nous voulions faire un blâme,
Maître, nous risquerions de contrister ton âme;
Car toi-même tu fus un lutteur, en ton temps,
Et tu sais les égards qu'on doit aux combattants.
Celui-là qui connait de quel prix est la gloire
Peut à ses héritiers souhaiter la victoire.
Puisque tu la servis, tu ne permettrais pas
Que de la libre Muse on enchainât les pas.
L'art aspire toujours aux nouvelles conquêtes;
Sur des sommets toujours plus hauts, sont toujours prêtes
Des palmes que tes fiers successeurs cueilleront,

Sans amoindrir l'éclat de la tienne à ton front.
A ton école on peut, même à présent, s'instruire
Et profiter. Et puis, quoi qu'on en veuille dire,
Le respect du passé, quand elle doit venir,
N'a jamais retardé l'heure de l'avenir !

Bien que l'on fasse encore et souvent, le Dimanche,
Le maximum avec ta chère *Dame Blanche,*
Chez notre frère aîné, là-bas, au coin du Quai,*
L'Opéra, depuis toi, s'est beaucoup compliqué.
Tes baillis, tes Frontins, tes rois et tes bergères
Désapprennent l'accent des romances légères.

Mais tu ne te plains pas, ô Maître, et tu souris,
Du haut de ton Olympe, à ton aimé Paris.
Paternelle vers nous ta main semble se tendre
Et tu nous dis, vraiment oui, nous croyons t'entendre :

« Notre époque est savante et veut qu'on soit savant,
C'est bien. N'entravons pas l'éternel *en avant ;*
L'esprit a ses courants dont il faut tenir compte
Et que sans s'y briser personne ne remonte.

---

* *L'Opéra-Comique* en 1895 était à la place du Châtelet.

Si par hasard en nous grondent quelques regrets,
Sachons les immoler sur l'autel du Progrès...
Les forts ont le dédain de la route aplanie.
C'est pour s'émanciper que l'on a du génie.
Ayez en. Ayez en plus que nous. Conspués
Et honnis maintenant seraient les Josués;
Le soleil est pressé d'éclairer tout le monde,
On ne l'arrête plus en sa course féconde.
Prenez, s'il vous convient, des chemins différents,
Mais le but est le même. Et nous, les vétérans,
Nous vous suivons des yeux et du cœur. Bonne chance,
Pacifiques soldats de notre belle France!
En gardant l'art ancien, en créant l'art nouveau,
Travaillez pour la gloire auguste du drapeau! »

IV

Mélodies

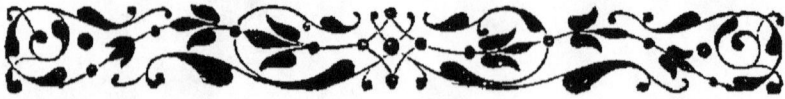

RAPPEL D'AMOUR

Non, ton âme n'est pas si légère et si vaine
Que tu puisses déjà ne plus te souvenir...
Le ciel était si bleu que sa clarté sereine
Semblait, là-haut, briller exprès pour nous bénir.

Pendant qu'autour de nous tout n'était que lumière
Tout n'était que lumière et délice en nos cœurs.
Et le même rayon de splendeur printanière
Faisait épanouir nos rêves et les fleurs.

Les bois, que caressait une brise très douce,
Nous abritaient dans leur mystère et dans leur paix.
Sous tes pieds nonchalants les gazons et la mousse
Étalaient leurs tapis voluptueux et frais.

Nous nous taisions. Mais j'ai, sous la première étreinte,
En ma tremblante main, senti trembler ta main;
Nous nous taisions, goûtant comme une extase sainte
A savoir que l'amour nous guettait en chemin.

Reviens. Ce cher passé peut encore renaître;
La forêt n'est pas moins ombreuse qu'autrefois;
La nature est fidèle et conserve, peut-être,
Tes pas sur ses sentiers, dans ses échos ta voix!

Reviens. L'air est si pur qui souffle dans l'espace!
Le zéphyr glisserait si doux sur tes cheveux!
L'automne a du printemps gardé toute la grâce;
Le bonheur est encore à nous, si tu le veux.

Le ciel reste si bleu que sa clarté sereine
Semble toujours briller exprès pour nous bénir...
Ton âme est-elle donc si légère et si vaine
Que tu puisses déjà ne plus te souvenir?

EFFROI D'AUTOMNE

L'AUTOMNE, préludant à ses œuvres moroses,
D'un souffle moins clément fait frissonner les airs;
Et vaguement déjà s'inquiètent les roses,
En sentant les rayons plus fuyants et moins clairs.

Ne courbez pas encor vos tiges défaillantes,
O fleurs dont le parfum enchantait nos beaux jours;
Restez belles, ô fleurs, ô fleurs, restez vaillantes,
O fleurs que nous aimions, que nous aimons toujours.

O grand soleil d'été, si de tes pures flammes
Il faut que par degrés pâlissent les splendeurs,
Lutte, au moins, défends-toi, résiste. Car nos âmes
Sont avides encor de tes chaudes ardeurs.

Et vous, gazons touffus, mousses tendres des plaines,
Où serpentent sans bruit les ruisseaux doux et frais,
Restez verts et laissez encore sur nos peines
S'épandre la langueur de votre immense paix.

Oiseaux, chantez encor. Plus tard, vous ferez trêve,
S'il le faut, au concert de vos ébats joyeux.
Sur vos ailes encore emportez notre rêve
Que tente, ainsi que vous, l'essor capricieux.

Ne tombez pas encor, feuilles déjà jaunies
Qui versiez le mystère et l'ombrage aux grands bois
Où l'écho se souvient des paroles bénies
Qu'a dites, un matin d'Avril, sa chère voix!

VILLANELLE

DANS LE GENRE ANCIEN

Un jeune et déjà vaillant page,
Rencontrant, un jour, en chemin,
Pastourelle gentille et sage,
Tout doucement lui prit la main.
« Viens, dit-il, et causons, bergère,
Si tu le veux, de ton hameau,
De ta chaumine, de ta mère,
De ton jardin, de ton troupeau... »

Enfants, l'aubépine rose,
Aux rayons d'Avril joyeux,
Sur les buissons est éclose.
La main dans la main, les yeux dans les yeux,
Vaudrait-il pas mieux
Parler d'autre chose ?

Combien rapide le temps passe !
La nuit langoureuse autour d'eux
Tendait ses voiles dans l'espace,
Ils causaient encore tous deux.
« A votre tour, disait la belle,
Vous me conterez, n'est-ce pas ?
Contre le païen infidèle
Les prouesses de vos combats... »

Enfants, l'aubépine rose
Aux rayons d'Avril joyeux,
Sur les buissons est éclose.
La main dans la main, les yeux dans les yeux,
Vaudrait-il pas mieux
Parler d'autre chose ?

CREDO

Musique de Théodore Dubois.

VAINEMENT les brouillards moroses
Jettent sur nous l'obscurité,
Je crois encore à la clarté,
Je crois à la fraîcheur des roses,
A toutes les brillantes choses
De la jeunesse et de l'été.

Malgré les ronces et l'épine
Qui font parfois saigner ma main,
Je crois aux fleurs qui vont, demain,
Ouvrir leur lèvre purpurine
Et dont la senteur douce et fine
Embaumera tout le chemin.

Si les fardeaux de nos tristesses,
Souvent, à nos cœurs semblent lourds,
Je crois et veux croire toujours
Au baume enchanté des caresses,
Aux saintes et fortes tendresses,
A l'éternité des amours!

BERGERETTE

Musique de Théodore Dubois.

CHOEUR

Voici l'aube printanière,
Oublions les sombres jours.
Tout s'éveille à la lumière
Du soleil et des amours.

Voyant luire sans nuages
La splendeur du firmament,
Les oiseaux dans les feuillages

Lancent plus joyeusement
Aux échos des verts bocages
Leur refrain clair et charmant.

SOLO

En regardant les fleurs écloses
Qui font un tapis sous leurs pas,
Les amoureux ont bien des choses
A se dire tout bas, tout bas!...
Pendant qu'en son nid de fougère,
Pour sa compagne, le pinson
Gazouille de sa voix légère,
On peut entendre à l'unisson
Le berger qui, pour sa bergère,
Chante aussi la tendre chanson.

CHOEUR

La douceur enchanteresse
Des parfums et des couleurs
De subtile et molle ivresse
Lentement ravit les cœurs;
L'âme s'ouvre à la caresse
Du zéphyr plein de langueurs.

Voici l'aube printanière;
Oublions les sombres jours;
Tout s'éveille à la lumière
Du soleil et des amours.

NOCTURNE ORIENTAL

Musique de Théodore Dubois.

I

La nuit de sa voix calme et douce,
En les baisant, disait aux fleurs :
« Petites fleurs, qui dormez dans la mousse,
Donnez-moi toutes vos senteurs.

« Donnez-moi toutes les ivresses
Qu'un soleil d'avril mit en vous
Et j'en ferai les subtiles caresses
Des zéphyrs vagabonds et fous.

« Sur tous les fronts de vos calices
Épanchez les molles langueurs
Et, de l'amour voluptueux complices,
Versez vos parfums dans les cœurs. »

II

Et la nuit disait aux étoiles :
« Astres d'or qui tremblez aux cieux,
Sortez de l'ombre et rejetez vos voiles ;
Donnez-moi votre éclat joyeux.

« Donnez-moi de vos chastes flammes
La candeur et la pureté ;
Et j'en ferai pénétrer jusqu'aux âmes
La rêveuse sérénité.

« Aux amoureux soyez propices,
Sur leurs fronts versez vos ardeurs ;
De leurs espoirs délicieux complices,
Mettez vos rayons dans leurs cœurs. »

SE SOUVENIR!

Puisqu'ici-bas tout instant de toute heure
     Prend un peu de notre avenir,
Puisque tout passe et que rien ne demeure,
     Sachons, au moins, nous souvenir.

Ressuscitons en nos rêves fidèles
     Nos trop éphémères beaux jours
Qui, loin de nous fuyant à tire-d'ailes,
     Rentrent au néant pour toujours.

O souvenir, à nos roses fanées
    Rends leurs parfums et leurs couleurs,
Et que l'écho de nos jeunes années
    Par toi chante encore en nos cœurs.

Quand, aux lueurs du menaçant orage,
    Notre ciel bleu deviendra noir,
O souvenir, rends-nous force et courage.
    N'es-tu pas frère de l'Espoir?

ROMANCE POUR GARAT

Ayant pris un rossignolet,
Tu l'enfermas dans une cage
Et, du même coup de filet,
Tu mis mon cœur en esclavage.

Tu jetas un regard clément
Sur la douce petite bête,
Et puis, tu détournas la tête,
N'ayant vu mon cœur seulement.

Le vent emportant ta pensée
Vers quelque caprice nouveau,
La cage fut vite laissée
Où vivaient mon cœur et l'oiseau.

Un jour, la porte étant ouverte
Et les prisonniers ayant fui,
Insoucieuse de leur perte,
Tu n'en eus pas même d'ennui.

L'oiseau, retournant au bocage,
Y va retrouver sa gaîté,
Mais mon cœur aimait son servage
Et mourra de sa liberté.

AUBADE

Je ne sais pas, ô ma mignonne,
Si le ciel est brillant ou noir,
Si le matin luit et rayonne
Ou si déjà blêmit le soir;

Je ne sais pas si, dans l'espace,
Troublant le monde ou le charmant,
C'est l'ouragan qui souffle et passe
Ou le zéphir frais et clément;

Je ne sais pas si la pervenche
A refleuri dans les prés verts
Ou si la neige froide et blanche
Voltige encore dans les airs;

Je ne sais pas si les ramures,
Les grands arbres et les roseaux,
Du vent répètent les murmures
Ou les chansons des gais oiseaux.

Qu'importe que meure ou renaisse
Le renouveau pur et joyeux?
Je vois sa grâce et sa jeunese
Toujours vivantes dans tes yeux.

Qu'importe qu'Avril fasse éclore
Les fleurs, aux feux naissants du jour?
Mon seul printemps, ma seule aurore
C'est l'ivresse de ton amour!

OASIS

J'AI dans mon cœur, à l'abri des orages,
Une oasis, où tout est calme et frais.
Nul importun n'en perce les ombrages,
Nul indiscret n'en peut troubler la paix.

J'ai dans mon cœur un jardin solitaire
Dont les parfums m'enivrent nuit et jour;
La fleur du rêve y croît dans le mystère,
Dans le silence y naît la fleur d'amour.

Là, dédaigneux des hommes et des choses,
Loin des soucis que j'en ai su bannir,
Dans la douceur des lilas et des roses,
J'entends chanter l'oiseau du souvenir !

CHANSON ESPAGNOLE

Notre ciel d'Espagne, à l'aurore,
Brille d'un éclat sans pareil
Et nul autre azur ne se dore
Des feux d'un plus ardent soleil.
... Mais quand l'orage sur nos têtes
Déchaîne son souffle irrité,
Terribles grondent les tempêtes
Dans le ciel d'Espagne indompté !

Sous la dentelle de nos voiles
Nos regards scintillent joyeux;
La splendeur des pures étoiles
Ne vaut pas celle de nos yeux.
... Mais il ne faut pas qu'on se fie
A la douceur de notre œil clair,
Au gré de notre fantaisie
Son rayon se change en éclair!

Notre cœur est sensible et tendre.
Quand fleurit la saison d'aimer,
Nous ne refusons pas d'entendre
Un aveu fait pour nous charmer.
... Mais nous dédaignons une flamme
Qui naît et meurt en un seul jour;
Malheur à qui prendrait notre âme
Sans nous donner tout son amour!

PAQUES PRINTANIÈRES

1

L<small>E</small> Printemps est ressuscité !
Muguets blancs, balancez vos clochettes mutines.
Ce beau jour doit être fêté ;
Blancs muguets, sonnez-en les joyeuses matines.

Comme un pur et suave encens,
Que, de tous les gazons et de toutes les branches,
Montent vos parfums renaissants,
O superbes lilas, ô gentilles pervenches !

Au fond des grands bois rajeunis
Qu'enchantent la tiédeur d'une plus douce aurore,
Tous les oiseaux faisant leurs nids
Entonnent à la fois l'*Alleluia* sonore.

II

Ah ! quel printemps mystérieux
Aura d'assez ardentes flammes
Pour faire, à son baiser joyeux,
Revivre la fleur de nos âmes ?

Quel soleil, aux rayons vainqueurs,
Nous présageant les délivrances,
Viendra réveiller en nos cœurs
Le ramage des espérances ?

NOS RÊVES SONT DES PAPILLONS

Nos rêves sont des papillons
Nés dans l'aurore printanière;

Il leur faut l'éclat des rayons
Et la gaieté de la lumière;

Nous aimons de leurs tourbillons
La liberté joyeuse et fière;

Et cependant nous voudrions
Tenir leur ardeur prisonnière;

Parfois même nous l'essayons.
Notre main leur est meurtrière;

Les touchant, nous n'éparpillons
Sous nos doigts qu'un peu de poussière...

Nos rêves sont des papillons
Qui ne vivent pas en volière!

CHANSON BRETONNE

IMITÉE DE BRIZEUX

Bonnes gens du Moustoir,
Quand je passe dans l'ombre
Du soir,
L'air farouche et l'œil sombre,
En voyant ma pâleur,
Vous craignez un malheur.
Rassurez votre âme alarmée,
De moi n'ayez point peur.
Je cherche ma bien-aimée,
Je ne suis pas un voleur!

I

Que de fois dans cette campagne
Je l'ai suivie! Oh! que de fois
Je l'ai suivie en ce grand bois,
Comme l'oiseau suit sa compagne!
Oh! la douce petite voix!
Le doux chant! Mon cœur se rappelle!
Et maintenant où donc est-elle?...

Bonnes gens du Moustoir, en voyant ma pâleur,
Vous craignez un malheur!
Rassurez votre âme alarmée,
Je cherche ma bien-aimée,
Je ne suis pas un voleur!

II

Avec sa coiffe de dentelle
Que le vent faisait onduler,
On eût dit, prête à s'envoler,
Une joyeuse tourterelle.
Qui donc pourra me consoler?
Au loin elle a fui d'un coup d'aile!
Et maintenant où donc est-elle?...

Bonnes gens du Moustoir, en voyant ma pâleur,
Vous craignez un malheur!
Rassurez votre âme alarmée,
Je cherche ma bien-aimée,
Je ne suis pas un voleur!

NUIT TOMBANTE

L'OMBRE descend. Tout sur la terre
S'en est enveloppé soudain.
Le dernier rayon s'est éteint
Et le dernier bruit va se taire.

Mais, là-haut, dans l'azur, je vois,
De la brume perçant les voiles,
S'ouvrir sur ma tête à la-fois
D'innombrables regards d'étoiles.

Comme ces astres dans la nuit,
A travers mes vagues pensées
L'image des choses passées
Dans mon cœur se réveille et luit.

Vous fuyez en vain, heures brèves,
Sans qu'on vous puisse retenir;
Je vous cherche en mon souvenir
Et vous ressuscite en mes rêves!

ADAGIO

Fine senteur des orangers,
Que dans l'azur la brise éparpille et soulève,
Sur vos ailes, parfums légers,
Dans le bleu mollement balancez notre rêve.

Murmures des souffles berceurs,
Qui faites frissonner les branches caressées,
Enveloppez en vos douceurs
L'éveil mystérieux de nos tendres pensées.

Rayons du soleil rajeuni,
Qui retrouvez l'éclat tout puissant de vos flammes,
Qu'une parcelle d'infini
Entre avec vos ardeurs jusqu'au fond de nos âmes!

V

Petites Scènes chantées et Chœurs

ROLAND

SCÈNE LYRIQUE

O France, on t'a trahie ; on s'embusqua dans l'ombre,
Pour te surprendre, au moins par l'astuce et le nombre,
Toi dont par le courage on ne triomphe pas !
Pour que sur toi le sort fît lever ce jour sombre,
Patrie, il a fallu que l'un de tes soldats
T'ait lâchement donné le baiser de Judas !

Comme un torrent jailli soudain de la montagne,
Cent contre un, ont sur nous bondi les Sarrazins.
Écrasés, non vaincus, les Preux de Charlemagne

Ont accompli, mourants, des exploits surhumains.
Ils sont tombés, n'ayant rien perdu de leur taille
Et gardant cet espoir sublime dans leurs cœurs,
Que du sang généreux versé dans la bataille
Doit naître la semence auguste des vengeurs...
Comme eux je vais mourir. Mais qu'importe que meure
L'ouvrier? Ce qu'il faut c'est que l'œuvre demeure!
O France, ton Roland combattit jusqu'au bout
Pour ta gloire. Avec joie il te donne sa vie,
Car il sait qu'après lui bien d'autres sont debout
Qui t'aiment et par qui tu seras bien servie.

Je n'ai remords ni crainte, à l'heure de l'adieu;
Tu n'es pas en péril, ô ma mère sacrée.
France je crois en toi comme je crois en Dieu.
Mon âme, en s'envolant, est calme et rassurée.

Si tu le veux, accorde un regret à ma mort,
Mais du coup qui m'abat tu peux braver l'atteinte;
Pour te courber le front, nul bras n'est assez fort;
Tu resteras toujours la vaillante et la sainte!

Que fait au grand soleil qui féconde les cieux
Le voile dédaigné d'un nuage qui passe?
Son éclat reparaît superbe et radieux,
Dès qu'une brise pure a soufflé dans l'espace.

Pour l'ombre que te jette un Ganelon damné,
Il n'est pas un rayon de ta clarté sereine
Qui pâlisse, et, demain, sur le monde étonné,
Tu verseras encor ta splendeur souveraine.

PHÈDRE

SCÈNE LYRIQUE

Je suis perdue. On a pu lire dans mon âme
Et mon trop faible cœur a trahi son secret!
J'ai laissé deviner l'épouvantable flamme
Dont l'ardeur, inutile, hélas! me dévorait!

De mon époux comment soutiendrai-je la vue?
Tout le peuple s'apprête à fêter son retour;
Et moi!... Bientôt, demain, avant la fin du jour,
Peut-être, il sera là!... Non, non! je suis perdue,
Et c'est la seule mort qui peut me secourir.

Moi, reine, et malgré tout la femme de Thésée,
Je serais un objet d'horreur et de risée!
            Je vivrais plainte ou méprisée!
                Non, non! Pour tant souffrir,
                Ma force est épuisée,
                Le destin m'a brisée
Et je n'aspire plus qu'au bonheur de mourir!

Mais l'enfer aura-t-il un assez noir abîme
        Pour engloutir dans l'ombre mon affront,
Et dans le Styx est-il un gouffre assez profond
        Pour y cacher la honte de mon crime?

Elle prend une coupe et, plus calme :

            Je tiens l'avenir dans ma main;
        D'un poison subtil cette coupe est pleine.
Que j'y trempe un instant mes lèvres, et, soudaine,
La mort fera son œuvre et finira ma peine.
Du sommeil sans réveil je dormirai demain!

        Elle boit.

Ah! le froid de la tombe est déjà dans mon sein!

Après un silence :

Implacable Vénus, même à l'heure où j'expire,
Quand mon cœur va s'éteindre et mes yeux se fermer,
Je ne puis pas encor maudire ton empire
Qui m'a donné la joie et le tourment d'aimer !

Et toi pour qui je meurs, guerrier fier et farouche,
Qu'appelait mon espoir de toi-même ignoré,
Quand mes derniers soupirs s'exhalent de ma bouche,
C'est ton nom qu'au suprême adieu je mêlerai.

Ah ! j'ai cruellement souffert de la morsure
D'un amour impossible et toujours dédaigné !
Puissé-je dans l'oubli reposer la blessure
Dont mon cœur misérable a si longtemps saigné !

Si Vénus m'a rendue à ce point criminelle
Que mes rêves me soient pesants comme un forfait,
Ce ne sera pas trop d'une paix éternelle
Pour me guérir du mal que ses fureurs m'ont fait.

Et pourtant, ô Déesse, à cette heure où j'expire,
Quand mon cœur va s'éteindre et mes yeux se fermer,
Je ne puis pas encor maudire ton empire
Qui m'a donné la joie et le tourment d'aimer !

La mort vient... doucement... Elle brise ma chaîne...
Son ombre à mes regards voile l'éclat du jour...
Adieu, ciel!... Adieu, terre!... Adieu, folie humaine!...
    Adieu, mon triste et cher amour!

LA SIBYLLE

SCÈNE LYRIQUE

Prêtez à ma parole une oreille attentive,
En ma bouche écoutez l'oracle du destin.
Les Esprits Immortels à mon âme craintive
Découvrent les secrets de l'avenir certain.

Dans le prophétique délire
Dont l'ardeur me brûle et m'inspire,
Les siècles sont pour moi tous présents à la fois.

Le monde est comme un livre ouvert où je puis lire
Le sort d'un homme ou d'un empire.
Tout ce qui fut, tout ce qui sera, je le vois!

Ecoutez-moi. Soyez dociles. Je viens dire
La volonté des Dieux qui parlent par ma voix!
De l'espace et du temps mon œil perçant les voiles,
De l'infini sonde la profondeur.
J'interroge des cieux l'éloquente splendeur,
Et reçois la réponse auguste des étoiles.

O le redoutable pouvoir!
O l'accablant fardeau d'une faveur trop lourde!
Tristesse de connaître! Angoisse de savoir!
Que je voudrais, souvent, mon âme aveugle et sourde!

En moi-même, sans fin, résonnent les échos
De tous les cris de deuil, de tous les cris de haine!
Des maux universels le torrent se déchaîne,
Faisant autour de moi toujours monter ses flots;
Je subis les tourments et pleure les sanglots
Qu'a subis et pleurés toute la race humaine...

Et quand je veux ouvrir vos yeux, ils restent clos,
O mortels insensés, et ma souffrance est vaine.

Hélas! Hélas! Hélas!
Quand d'erreur en erreur vous glissez vers le crime,
Ma voix s'élève, et vous n'écoutez pas.
Votre orgueil indompté s'obstine et, pas à pas,
Vous suivez le chemin qui conduit à l'abîme.
Ma voix s'élève, et vous n'écoutez pas
Des âges révolus l'enseignement sublime!
Allons, s'il en est temps, mortels, ô pauvres fous
Qui vous laissez bercer de rêves éphémères,
Renoncez donc à vos chimères,
Vers la sagesse tournez-vous;
Et goûtant ses leçons, que vous croyez amères,
Vous trouverez encor les dieux cléments et doux!

Prêtez à ma parole une oreille attentive,
En ma bouche écoutez l'oracle du destin.
Les Esprits Immortels à mon âme craintive
Découvrent les secrets de l'avenir certain.

LEVER DE SOLEIL

SUR LA MONTAGNE

Musique d'André Wormser.

La nuit de son grand voile sombre
Laissant encor traîner les plis,
Montagnes et vallons dans l'ombre
Sont tristement ensevelis.

Le silence sur la nature
S'étend avec l'obscurité.
Rien qui soit chanson ou murmure,
Rien qui soit chaleur ou clarté.

13.

L'heure passe. Le ciel se dore
D'un rayon encore incertain,
Présage tremblant de l'aurore,
Vague sourire du matin.

Alors, tandis que se réveille
Dans les bois soudain rajeunis,
Douce au cœur et douce à l'oreille,
La joyeuse gaîté des nids,

Toute la brume amoncelée
En un moment s'évanouit
Et la blancheur immaculée
Des fiers glaciers nous éblouit.

Splendeur des monts, éclat des cimes,
Brillez pour saluer le jour limpide et pur,
Miroirs radieux et sublimes
Où l'infini des cieux réfléchit son azur!

Et toi, soleil des cœurs, toi qu'implore le monde,
Ne vas-tu pas sur nous resplendir à ton tour?
Clair flambeau dont l'ardeur vivifie et féconde,
Lève-toi, lève-toi, grand soleil de l'Amour!

Dissipe les brouillards de haine et d'ignorance,
Mets en fuite l'horreur de la nuit, sans retour.
Renais et fais renaître avec toi l'espérance;
Lève-toi, lève-toi, grand soleil de l'Amour!

Que ta sérénité réjouisse les âmes,
Comme charme les yeux l'aube d'un nouveau jour;
Fais monter nos esprits dans l'essor de tes flammes;
Lève-toi, lève-toi, grand soleil de l'Amour!

SOUS LES TILLEULS

CHŒUR

Musique d'André Wormser.

Sous les tilleuls, les amoureux
        S'en vont deux par deux,
        L'âme troublée ;
Et le soleil semble pour eux
        Briller plus joyeux
        Dans la feuillée.
Sous les tilleuls, les amoureux
        S'en vont tout heureux

Sans se rien dire ;
Pour échanger leurs doux aveux,
N'ont-ils pas les yeux
Et le sourire ?

On entend résonner, là-bas,
Violons et flûte en cadence,
Donnant le signal de la danse...
Les amoureux n'écoutent pas.

Ils ont d'autres soucis en tête ;
Ils ne songent qu'à leur amour.
C'est lui qui suffit, nuit et jour,
A leur mettre le cœur en fête.

Rêvant de l'avenir, tous deux
Pensent qu'ils trouveront, sans doute,
Plus d'un obstacle sur la route
Qui doit les conduire à leurs vœux.

Charme divin de la jeunesse
Qui s'obstine à croire au bonheur !...
L'espoir, vivace dans leur cœur,
Vite, en a chassé la tristesse !

Sous les tilleuls, les amoureux
S'en vont deux par deux,
L'âme troublée ;
Et le soleil semble pour eux
Briller plus joyeux
Dans la feuillée.
Sous les tilleuls, les amoureux
S'en vont tout heureux
Sans se rien dire ;
Pour échanger leurs doux aveux,
N'ont-ils pas les yeux
Et le sourire ?

LA MESSE DU FANTOME

IMITÉ D'UN CONTE BRETON
RECUEILLI PAR M. PAUL SÉBILLOT

Musique de Charles Lefebvre.

La prière du soir est finie et l'église
S'est lentement vidée. On n'entend, dans la nuit
Tombante, où tout a fait silence, que le bruit
Des flots plaintifs, fouettés, au lointain, par la bise.

Il pleut; le vent, soufflant en rafales d'hiver,
Fait craquer et gémir les ifs du cimetière;
Et plus d'un, regagnant l'abri de sa chaumière,
Pense aux pauvres marins en péril sur la mer.

L'église, où s'exhala, légère, la fumée
De l'encens, en demeure encor tout embaumée.

Lanterne en main,
Le sacristain
A fait sa ronde accoutumée.
Il n'a vu rien
Qui ne soit bien.
Les cierges sont éteints et la porte est fermée.
Il s'en va.

Cependant, sur un banc écarté,
Là-bas, dans un coin sombre,
Inaperçu dans l'ombre
D'un pilier de la nef, un chrétien est resté.

Pendant l'office, il s'est endormi le brave homme,
Las des travaux du jour. On peut, en vérité,
Dire qu'il fait un fameux somme !

Tout le monde est parti, sans qu'il s'en soit douté.
Et, maintenant, à la pâle clarté,
De la lampe qui veille
Devant l'autel et semble une étoile vermeille,
Il dort, il dort. Et c'est miracle s'il s'éveille !

Mais l'horloge a sonné minuit très lentement.
Et c'est alors qu'au dernier tintement
Advint une étrange merveille.

Une porte s'ouvrit, soudain, au fond du chœur,
D'elle-même, laissant briller une lumière
Dont la subite splendeur
Fit rayonner magiquement le sanctuaire.

Un prêtre, revêtu des ornements sacrés,
Apparut, portant le calice.
Il fléchit les genoux, sans monter les degrés
De l'autel préparé pour le saint sacrifice;
Puis, il dit, se tournant vers la nef, d'une voix
Mélancolique et puissante à la fois :
« Quelqu'un ici veut-il me répondre la messe? »

A cet appel, s'éveillant à demi,
Le fidèle endormi
S'étire, ouvre les yeux et dresse
La tête et, tout surpris de ce qu'il voit, ne sait
Si d'un songe il n'est pas encore le jouet.
On dirait un buveur qui sort de son ivresse.

Regardant mieux, il se souvient et reconnait
L'église. Mais l'effroi d'un mystère l'oppresse.

Et, tout à coup, un peu plus tremblante, la voix
Du prêtre s'éleva pour la seconde fois :
« Quelqu'un ici veut-il me répondre la messe ? »

Maintenant, il est bien éveillé tout de bon
   Il croit comprendre et sa frayeur redouble ;
      Il voudrait parler, mais son trouble
     Dans sa gorge arrête le son.

Et la voix répéta, mais, cette fois, d'un ton
Plaintif et d'un accent de profonde détresse :
« Quelqu'un ici veut-il me répondre la messe ?

— Oui, moi ! » dit l'homme qui vers l'autel s'avança.

     Alors, la messe commença
     Et les prières furent dites
     Avec les réponses prescrites.

     Quand l'office fut terminé,
« Sois à jamais béni, mon frère, dit le prêtre,
   Car aujourd'hui, grâce à toi, je vais être
Au paradis. C'est toi qui me l'auras donné.
Depuis dix ans, afin d'expier une offense,

Dieu m'avait condamné
A cette rude et juste pénitence.
Chaque nuit, je devais venir à cet autel,
Ainsi que tu m'as vu le faire, et puis attendre,
Pour que me fût ouvert le ciel,
Qu'un vivant répondît librement à l'appel
Qu'avec bonté ton cœur généreux vient d'entendre.
Mais voici que le temps d'épreuve est achevé.
Sois à jamais béni, frère. Tu m'as sauvé
Du lamentable exil du Purgatoire.
Ton secours a fait un élu d'un réprouvé.
Dieu me rend son amour et m'appelle à sa gloire.
Je te dois mon salut, fidèle et bon chrétien,
Pendant l'éternité, je prierai pour le tien! »
Il dit et disparait dans un rayon. L'église
Redevient vide et sombre. On n'entend, dans la nuit
Profonde, où tout a fait silence, que le bruit
Des flots plaintifs, fouettés, au lointain, par la bise.

LA RÉSURRECTION DES FLEURS

Musique de Constantin Gilles.

CHŒUR

FLEURS mortes ou fleurs endormies,
Dans les plaines ou dans les bois,
Nous sommes les brises amies;
Ranimez-vous à notre voix!
L'azur que de funèbres voiles
Ont obscurci de si longs mois,
Retrouvant toutes ses étoiles,
Vous sourira comme autrefois.

O fleurs, petites fleurs que l'hiver a flétries,
Le printemps revient, le printemps joyeux,
Son souffle a reverdi le gazon des prairies
Et rasséréné la splendeur des cieux.
Renaissez par milliers, ô fleurs roses et blanches,
Redressez vos fronts et rouvrez vos yeux;
Par milliers sur le sol, par milliers dans les branches,
Filles du printemps, du printemps joyeux!

SOLO

Du bienfaisant Avril fécondes messagères,
Pour préparer votre retour,
Nous avons avec plus d'amour
Fait glisser sur les champs nos haleines légères.

Nous avons ravivé la gloire des rayons
Qui du soleil versent la flamme,
Pour mettre plus d'ardeur dans l'âme
De vos tendres amis, les gentils papillons.

Nous avons rassemblé les senteurs embaumées
Et nous venons les déposer,
Avec notre premier baiser,
Dans la fraîche candeur de vos tiges charmées.

14.

Que le monde, par nous délivré de ses fers,
    Rajeunisse à votre jeunesse;
    Renaissez afin qu'il renaisse
Et qu'il respire en vous l'oubli des maux soufferts!

CHŒUR

O fleurs, petites fleurs, que l'hiver a flétries,
    Le printemps revient, le printemps joyeux;
Son souffle a reverdi le gazon des prairies
    Et rasséréné la splendeur des cieux.
Renaissez par milliers, ô fleurs roses et blanches,
    Redressez vos fronts et rouvrez vos yeux;
Par milliers sur le sol, par milliers dans les branches,
    Filles du printemps, du printemps joyeux!

LA FLOTTE DES TUILERIES

CHŒUR ENFANTIN

Musique d'Henri Maréchal.

PETITS bateaux des Tuileries,
Livrez au vent vos pavillons
Légers comme des papillons;
Voguez, flottilles aguerries,
Mais prenez garde aux avaries,
En ouvrant sur l'eau vos sillons.

La distance est brève, sans doute,
De vos Toulons à vos Algers;
Il est pourtant divers dangers
Qu'un pilote prudent redoute.
Plus d'un écueil est sur la route
Où, sans souci, vous voyagez.

Si rarement qu'en ces parages
Souffle l'âpre bise du Nord,
Pour triompher de son effort,
Aurez-vous assez de cordages?
Combien de fois des abordages
Vous ont fait échouer au port!

Si le sort contraire vous pousse
Vers le grand jet d'eau du milieu,
— Ce péril-là n'est pas un jeu —
Comment supporter la secousse?
Tout l'équipage à la rescousse!
Ventrebleu! Têtebleu! Morbleu!

Encore une alerte nouvelle;
Vous sortez d'un danger, voilà
Qu'après Charybde vient Scylla.
Un cygne vous cherche querelle
Et vous renverse d'un coup d'aile.
Peut-on résister à cela?

Allez! Que Neptune vous garde
Des fureurs des vents et des eaux,
Audacieux petits bateaux!
N'oubliez pas qu'on vous regarde
Et, devant la foule bavarde,
Sauvez l'honneur de vos drapeaux!

MAITRE POLICHINELLE

CHŒUR ENFANTIN

Musique d'Henri Maréchal.

C'EST toi, l'ami Polichinelle !
Nous reconnaissons tes gros yeux
Et la gaieté sempiternelle
De ton rire malicieux ;

Tes cheveux frisés sur ta tête
Comme les laines d'un mouton,
Et ta main leste toujours prête
A semer les coups de bâton ;

Et ton allure débraillée,
Tes longs bras toujours ballottants ;
Ta chanson, ta voix éraillée
Qui nous a charmés si longtemps.

Sous tes airs d'aimable ganache
Qui paraît ne songer à rien,
N'es-tu pas un penseur qui cache
L'esprit d'un Épicurien ?

Sur les misères de la vie
Dont t'effleure aussi le chagrin,
Tu mets avec philosophie
Un masque impassible et serein,

Et tu fais tinter les vacarmes
Étourdissants de tes grelots,
Pour étouffer le bruit des larmes
Et le murmure des sanglots.

Tâchons, en t'imitant, cher maître,
D'opposer nos fermes espoirs
Aux maux que font naître et renaître
Tous nos matins et tous nos soirs !

NOS COMPAGNES

CHŒUR

Musique d'Henri Maréchal.

I

COMPAGNES d'aujourd'hui, de demain, de toujours,
Nos filles, nos femmes, nos mères,
Vous êtes ici-bas nos meilleures amours!
Vous êtes la douceur de nos heures amères,
La clarté de nos sombres jours...

Votre bouche a des mots que seule elle sait dire
Et qui rendent l'ardeur au courage abattu;
Vous nous enveloppez, rien qu'avec un sourire,
Dans votre tranquille vertu.

II

C'est vers vous que d'abord retournent nos pensées,
O mères! quand, le soir, les paupières baissées,
Nous entendons parler la voix du souvenir
Et nous ressuscitons les tendresses passées,
      Pour les pleurer et les bénir!

Et nous vous saluons, nobles et saintes femmes,
Dont le front, maintenant de rides sillonné,
Sur nos berceaux, joyeux et pur, a rayonné.
Tout ce que nous avons qui vaille dans nos âmes,
      C'est vous qui nous l'avez donné!

III

     A son tour, qu'elle soit bénie,
  L'épouse au cœur fidèle et généreux
     Qui nous a confié sa vie
Et qui nous rend meilleurs en nous rendant heureux;
     La bonne fée enchanteresse
     Qui souriait à nos vingt ans,

La rose de notre jeunesse,
L'oiseau bleu de notre printemps;
Dont le regard, vive étincelle,
A fait soudain briller en nous,
Comme un rayon d'aube nouvelle,
Quelque chose de vague et doux.

O la sereine et belle fête,
Quand l'amour, soleil radieux,
Dorant le ciel sur notre tête,
S'est levé pour nous dans ses yeux!
O la délicieuse ivresse
Du baiser loyal et sans peur!
O l'ardente et chaste caresse
Qui fond deux cœurs en un seul cœur!

IV

Trésors de nos foyers, ô nos petites reines,
Nos filles, profitez de votre Avril en fleurs!
Chantez! Quand vous chantez, vos candides haleines
Comme un léger zéphyre éparpillent nos peines
Et sèchent, en passant, la trace de nos pleurs.

Que le charme qui vit en vous sur nous s'épanche,
Gardez votre teint frais, gardez votre âme blanche,
     O vous l'innocence et l'espoir !
Restez longtemps, ô nos mignonnes adorées,
De jeunesse, de grâce et de gaîté parées.
Tous les bonheurs qu'on peut sur terre concevoir,
C'est pour vous en doter qu'on les voudrait avoir !

Enfants, regardez bien vos mères, ce sont elles
Qui devront être, après vos guides, vos modèles,
Lorsque vous deviendrez femmes à votre tour,
Car le temps est rapide et prochain est le jour...

    Nos filles, nos femmes, nos mères,
Vous êtes ici-bas nos meilleures amours,
Vous êtes la douceur de nos heures amères,
    La clarté de nos sombres jours,
Compagnes d'aujourd'hui, de demain, de toujours.
Vous qui semblez aux yeux délicates et frêles,
Que de fois cependant vous êtes nos soutiens !
Que de fois vous prenez nos cœurs las sur vos ailes,
    O chers et bons anges gardiens !

VI

Les Rêves

RÊVE DE GRANDEUR

J'ai rêvé de toute puissance
Et mes songes m'ont fait l'égal des plus grands rois.
Tout un monde asservi sous mon obéissance
    Humblement recevait mes lois.

Un simple geste à faire, un simple mot à dire,
Toutes les volontés suivaient ma volonté;
Même un désir muet, parfois, semblait suffire
Pour mettre en mon pouvoir le bonheur souhaité.

Des courtisans nombreux, avides de me plaire,
Comblaient mes vœux sitôt qu'ils étaient devinés,
Et je voyais leurs fronts tremblants et consternés,
S'ils lisaient sur mon front un signe de colère!

Comme le Jupiter des âges merveilleux,
Ébranlant toute chose au ciel et sur la terre,
S'il fronçait tout à coup ses sourcils orgueilleux,
J'ai rêvé qu'en mes mains je tenais le tonnerre!

RÊVE DE RICHESSE

Nombreux comme les flots d'un fleuve intarissable
    Coulant l'un sur l'autre pressés
Et comme sur les bords des mers les grains de sable,
    J'ai vu mes trésors entassés.

Pour moi les diamants fabuleux de Golconde
    Jetaient tous leurs feux à la fois.
J'ai senti palpiter les richesses du monde
    Dans l'étreinte de mes dix doigts.

Humblement, comme un pauvre implorant une obole,
    Crésus vers moi tendait la main ;
Et, détournant leur cours, les ondes du Pactole
    Venaient féconder mon chemin.

Et mes coffres, déjà débordants d'opulence,
    Chaque jour s'emplissaient encor ;
Et sans répit sur moi, comme une pluie immense,
    Tombait de l'or, de l'or, de l'or !...

RÊVE DE VOLUPTÉ

Dans des régions de tous inconnues,
Où sous la clarté des apothéoses,
Au ciel que jamais n'ont troublé les nues,
S'exhale un parfum plus doux que les roses;

Pendant que chantaient la flûte et la lyre,
J'ai vu tournoyer les blanches almées,
Comme un fol essaim d'oiseaux en délire
Et sous l'aiguillon du plaisir pâmées.

Elles ont passé, vision troublante,
Tandis qu'à mes yeux embrasés d'extase,
D'un souffle léger, la brise indolente
Faisait envoler leurs robes de gaze.

Elles ont passé, troupe insoucieuse,
Laissant leurs cheveux flotter sur leur tête,
Offrant au baiser leur bouche rieuse
Et sur leur chemin mettant tout en fête.

Leurs regards noyés de vagues ivresses
Ont fait sur mon front rayonner leur flamme
Et la volupté des molles caresses
M'a dans sa langueur emprisonné l'âme.

Enlaçant leurs mains, les brunes, les blondes,
Avec des clameurs d'espoir et de joie,
M'ont enveloppé, captif, dans leurs rondes
Et mon cœur toujours restera leur proie.

Et comme les fleurs au soleil mourantes
Bénissent l'été qui brûle les plaines,
Fatales beautés, beautés dévorantes,
J'aime, quand j'en meurs, vos chaudes haleines!...

RÊVE D'AMOUR PUR

Elle était bonne encore plus que belle.
    Et, mirant mes yeux dans ses yeux,
J'allais chercher près de son cœur fidèle
    La paix pour mon cœur soucieux.

Et, comme on voit sur la terre calmée
    Trembler les rayons de l'azur,
Sur mes douleurs, la douce bien-aimée
    Inclinait son front clair et pur.

16

Il me semblait qu'une divine flamme
    Tombait sur moi du firmament,
Quand souriait la candeur de son âme
    Visible en son regard clément.

Je me sentais à l'abri de la crainte
    Pour le rude voyage humain,
Lorsque ma main s'appuyait sur l'étreinte
    De sa chère petite main!

RÊVE DE PAIX

OH ! la paix ! La douceur exquise de savoir
Lever son cœur plus haut que la crainte et l'espoir !

Lire tranquillement au livre de la vie
Le passé sans regret, l'avenir sans envie !

Être calme, être obscur, être libre, être doux !
N'avoir jamais de haine et jamais de courroux !

Et, sans ambition, n'ouvrir son âme pure
Qu'aux sereines leçons de la grande nature ;

Répondre sans détour à l'encouragement
Que Dieu laisse tomber sur nous du firmament;

Quand le soleil levant de ses premiers feux dore
L'horizon, accueillir joyeusement l'aurore;

Quand toute clarté meurt et que s'éteint tout bruit,
Sourire à la fraîcheur tombante de la nuit;

Aider de son labeur le travail de la terre,
Préparer du printemps la grâce salutaire;

Revoir, après l'hiver, la campagne fleurir,
Les épis frissonner et les moissons mûrir;

Dans les branches, qu'un souffle harmonieux balance,
Entendre voltiger la rumeur du silence;

Écouter vaguement la chanson des oiseaux
Et le soupir fluide et continu des eaux;

Verser sur les tourments et les inquiétudes
L'apaisement berceur des vertes solitudes;

Sans jamais les trouver ou trop longs ou trop courts,
L'un après l'autre voir naître et mourir les jours!...

RÊVE DE GLOIRE

J'ai rêvé — généreuse et grisante chimère! —
Les exploits de César, les poèmes d'Homère.
Et mon nom radieux à l'Immortalité,
Par la gloire, de bouche en bouche était porté.

Pareil à l'ouragan qui se courrouce et gronde
Et courbe les forêts au gré de sa fureur,
Avec mes bataillons je parcourais le monde
En semant sous mes pas triomphants la terreur.

Je chantais, fier et doux, sur ma lyre inspirée
La piété, l'honneur, l'amour et la vertu ;
Et le Verbe fécond de la Muse sacrée
Était sur les humains par ma voix répandu.

J'ai rêvé — généreuse et grisante chimère ! —
Les exploits de César, les poèmes d'Homère.
Et mon nom radieux à l'Immortalité,
Par la gloire, de bouche en bouche était porté.

RÊVE DE MORT

QUEL rêve! J'étais mort. De sa main meurtrière,
L'ange noir du Trépas m'avait au front touché.
Sous le poids écrasant de la funèbre pierre,
Pour l'éternel sommeil j'étais déjà couché.

J'écoutais. Rien! Le glas de mon heure dernière
Dans un écho lointain s'éteignait vaguement,
Avec le cri plaintif d'une morne prière
Plus faible et plus confus de moment en moment.

Mes yeux, dont l'ombre seule emplissait la paupière,
Ne se souvenaient plus même de la lumière
Que fait sur les vivants tomber le firmament.

Partout, autour de moi, m'envahissant moi-même,
L'insondable terreur de l'abîme béant,
L'insurmontable effroi de la chute suprême
Et l'horrible stupeur du gouffre et du néant !

Soudain, un bruit se fit, fort et doux ! O merveille !
Mon tombeau sombre et froid s'illumina d'un feu
Plus brillant que l'éclat de l'aube qui s'éveille...
J'ouvris les yeux. J'étais face à face avec Dieu !

Table

TABLE

II. — CINQ POÉSIES RUSSES

TABLE 193

III. — HOMMAGE A BOÏELDIEU

IV. — MÉLODIES

V. — PETITES SCÈNES CHANTÉES
ET CHŒURS

VI. — LES RÊVES

Achevé d'imprimer

le vingt-cinq janvier mil huit cent quatre-vingt-dix-neuf

PAR

ALPHONSE LEMERRE

6, RUE DES BERGERS, 6

A PARIS

O.-3. — 3237.

POÈTES CONTEMPORAINS

Volumes in-18 jésus. — Chaque volume : 3 fr.

Paris. — Imp. A. LEMERRE, 6, rue des Bergers. — 0.-3237.

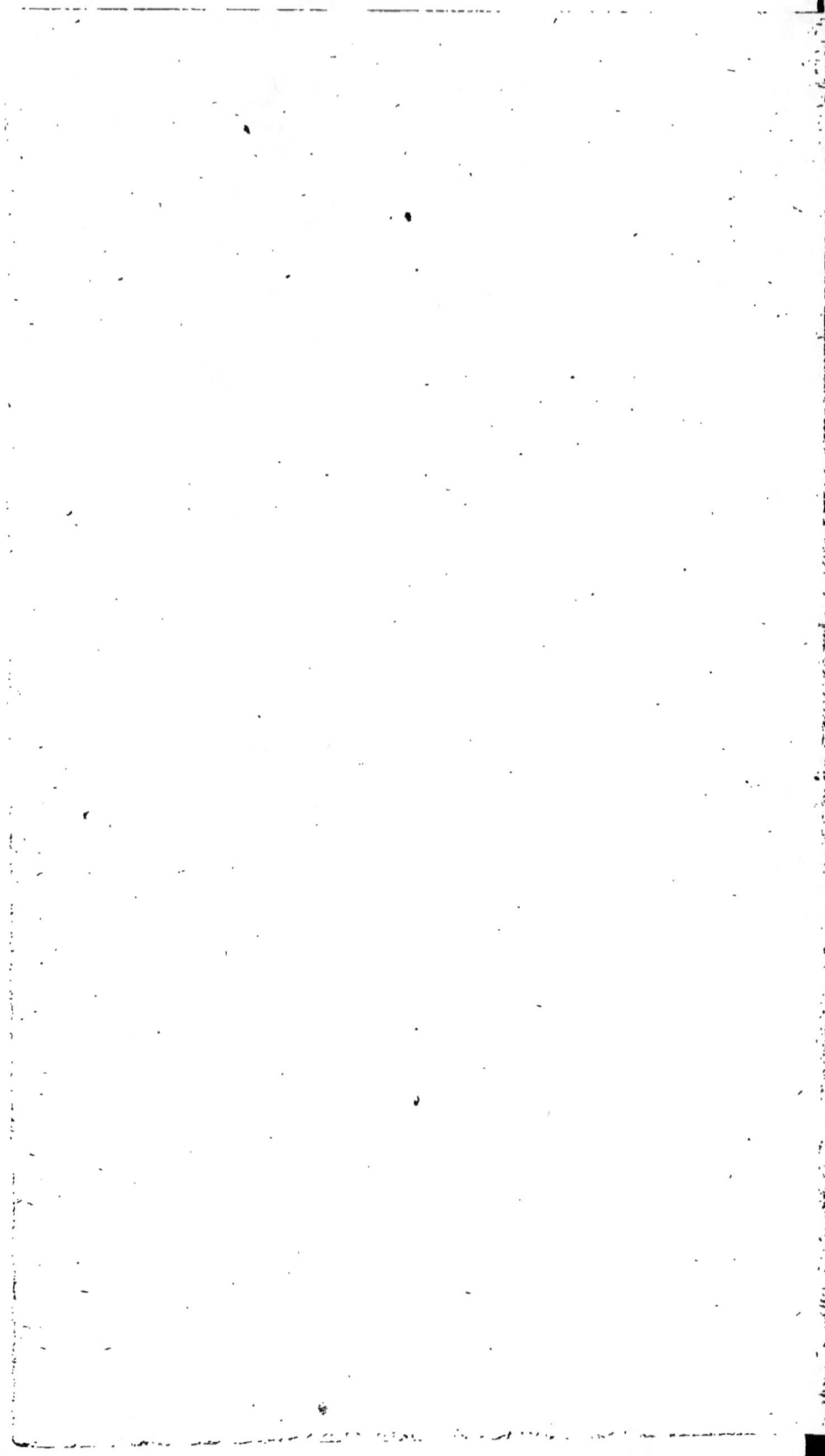

TS ET PROUESSES

ÉPOUVANTABLES

DE

PANTAGRUEL

FILS DE GARGANTUA
ET ROI DES DISPODES

PAR

MAITRE FRANÇOIS RABELAIS

NOUVELLE ÉDITION

MISE A LA PORTÉE DE TOUT LE MONDE

AVEC GRAVURES

PARIS

RENAULT ET Cⁱᵉ, LIBRAIRES-ÉDITEURS

48, RUE D'ULM, 48

1865

DE

PANTAGRUEL

FILS DE GARGANTUA.

Paris. — Imp. de Ad. Lainé et J. Havard, rue des Saints-Pères, 19.

FAITS ET PROUESSES

ÉPOUVANTABLES

DE

PANTAGRUEL

FILS DE GARGANTUA
ET ROI DES DIPSODES

PAR

MAITRE FRANÇOIS RABELAIS

NOUVELLE ÉDITION
MISE A LA PORTÉE DE TOUT LE MONDE
AVEC GRAVURES

PARIS

RENAULT ET Cⁱᵉ, LIBRAIRES-ÉDITEURS

48, RUE D'ULM, 48

1865

FAITS ET DITS

PANTAGRUEL

FILS DE GARGANTUA.

CHAPITRE Ier.

De l'origine en antiquité du grand Pantagruel.

Ce ne sera pas une chose inutile ni oisive que de vous raconter, pendant que nous nous reposons, la première source et origine d'où nous est né le bon Pantagruel. Car je vois que tous les bons historiographes ont traité ainsi leurs chroniques, non-seulement les Arabes barbares, les Latins ethniques (1), les Grecs gentils (2) qui furent buveurs éternels, mais aussi les auteurs de la sainte Écriture, comme monseigneur saint Luc mêmement, et saint Matthieu. Il vous convient donc de noter qu'au commencement

(1) Païens.
(2) *Id.*

1

du monde (je parle de loin, il y a plus de quarante
quarantaines de nuits, pour compter à la manière
des anciens Druides), peu après qu'Abel fut occis
par Caïn, son frère, la terre imbue du sang du juste
fut si fertile, pendant une certaine année, en toutes
espèces de fruits qui sont produits de ses flancs et
particulièrement en mêles (1), qu'on l'appela de
toute mémoire l'année des grosses mêles : car les
trois suffisaient pour parfaire le boisseau. En cette
année les calendes furent trouvées dans les bréviaires
des Grecs : le mois de mars tomba en carême et
la mi-août fut en mai. Au mois d'octobre, ce me
semble, ou bien de septembre (afin que je ne me
trompe, car de cela je me veux curieusement garder),
fut la semaine tant renommée dans les annales, qu'on
nomme la semaine des Trois-Jeudis : car il y en eut
trois à cause des irrégularités bissextiles, que le
soleil broncha quelque peu comme *debitoribus* (2)
à gauche, et la lune varia de son cours de plus de
cinq toises, et le mouvement de trépidation au firmament dit *Aplane* fut manifestement vu : tellement
que la Pléiade moyenne, laissant ses compagnes,
déclina vers l'équinoxial : et l'étoile nommée l'Épi
laissa la Vierge, se retirant vers la Balance : qui sont
des cas épouvantables et matières tellement dures et
difficiles que les astrologues n'y peuvent mordre.

(1) Nèfles, du grec *maspilon*. En Bourbonnais on nomme encore
mêles les nèfles.

(2) Comme les débiteurs à l'aspect d'un créancier.

Aussi auraient-ils les dents bien longues, s'ils pouvaient toucher jusque-là.

Faites votre compte que le monde mangeait volontiers desdites mêles; car elles étaient belles à l'œil et délicieuses au goût. Mais, de même que Noé, le saint homme (auquel nous sommes tant obligés et tenus de ce qu'il a planté la vigne d'où nous vient cette nectarique, délicieuse, précieuse, céleste, joyeuse, déifique liqueur, qu'on nomme *le piot*), fut trompé en le buvant, car il ignorait sa grande vertu et puissance; de même, dis-je, les hommes et les femmes de ce temps mangeaient avec grand plaisir de ce beau et gros fruit. Mais des accidents bien divers leur advinrent : car à tous leur survint une enflure bien horrible; mais pas à tous dans le même endroit. Car quelques-uns enflaient par le ventre, et le ventre leur devenait bossu comme une grosse tonne; desquels est écrit : *Ventrem omnipotentem :* lesquels furent tous gens de bien et bons raillards. Et de cette race naquit Saint-Pansart et Mardi-gras. Les autres enflaient par les épaules et étaient tellement bossus qu'on les appelait Montifères, comme porte-montagnes, dont vous en voyez encore par le monde en divers sexes et dignités. Et de cette race sortit Ésope, duquel vous avez les beaux faits et dits par écrit. D'autres croissaient en longueur par les jambes, et vous eussiez dit que c'étaient des grues, des flamants ou des gens marchant sur des échasses.

Et les petits grimauds les appellent en grammaire *Iambus* (1).

Aux autres le nez croissait tellement qu'il ressemblait à la flûte d'un alambic, tout diapré, tout étincelé de bubelettes (2), pullulant (3), pourpré, tout émaillé de pompettes (4), tout boutonné et brodé de gueules (5). Tels vous avez vu le chanoine Panzoult, et Piedebois, médecin d'Angers : de cette race peu aimèrent la tisane, mais tous furent amateurs de la purée septembrale (6). Nason et Ovide en prirent leur origine. Desquels est écrit *Ne reminiscaris* (7). Autres croissaient par les oreilles, qu'ils avaient si grandes, que de l'une ils faisaient le pourpoint, les chausses et le sayon : de l'autre ils se couvraient comme d'une cape à l'espagnole. Et l'on dit qu'en Bourbonnais la race dure encore, qui sont appelées oreilles de Bourbonnais. Les autres croissaient en longueur du corps : et de là sont venus les géants, et par eux Pantagruel.

Et le premier fut Chalbroth,
Qui fut père de Farybroth,

(1) Jeu de mots sur les ïambes et les jambes. Le J et l'I s'employaient indifféremment l'un pour l'autre.

(2) Espèces de petites pustules rouges comme on en voit sur le nez des ivrognes.

(3) Où il pousse des bourgeons.

(4) Comme à la note 2.

(5) Rouge, terme de blason.

(6) Le vin. Les vendanges étant faites en septembre.

(7) Tu ne te souviendras pas.

Qui fut père de Hurtaly, qui fut beau mangeur de soupes et régna au temps du déluge,

Qui fut père de Nembroth,

Qui fut père d'Atlas, qui avec ses épaules garda le ciel de tomber,

Qui fut père de Goliath,

Qui fut père d'Erix, qui inventa le jeu de gobelets,

Qui fut père de Titye,

Qui fut père d'Eryon,

Qui fut père de Polyphème,

Qui fut père de Cace,

Qui fut père d'Etion, qui le premier fut malade pour n'avoir pas bu frais en été, ainsi que le témoigne Bartachin,

Qui fut père d'Encelade,

Qui fut père de Cée,

Qui fut père de Typhoé,

Qui fut père d'Aloé,

Qui fut père d'Othe,

Qui fut père d'Ægeon,

Qui fut père de Briarée qui avait cent mains,

Qui fut père de Porphyrio,

Qui fut père d'Adamastor,

Qui fut père d'Anthée,

Qui fut père d'Agatho,

Qui fut père de Porrhus, contre lequel batailla Alexandre le Grand,

Qui fut père d'Aranthas,

Qui fut père de Gabbara, qui le premier inventa de boire d'autant,

Qui fut père de Goliath de Secundille,

Qui fut père d'Offot, lequel eut terriblement beau nez à boire au baril,

Qui fut père d'Artachées,

Qui fut père d'Oromédon,

Qui fut père de Gemmagog, qui fut inventeur des souliers à poulaine,

Qui fut père de Sisyphe,

Qui fut père des Titans, dont naquit Hercules,

Qui fut père d'Enay, qui fut très-expert en matière d'ôter les cirons (1) des mains,

Qui fut père de Fier-à-bras, qui fut vaincu par Olivier, pair de France, compagnon de Roland,

Qui fut père de Morgan, qui, le premier de ce monde, joua aux dés avec des besicles,

Qui fut père de Fracassus, sur lequel a écrit Merlin Coccaie,

Dont naquit Ferragus,

Qui fut père de Happemouches, qui, le premier, inventa de fumer les langues de bœuf à la cheminée, car auparavant on les salait comme on fait pour les jambons,

Qui fut père de Bolivorax,

Qui fut père de Longis,

Qui fut père de Gayoffe,

Qui fut père de Machefaim,

(1) Petites ampoules.

Qui fut père de Brulefer,

Qui fut père d'Engoulevent,

Qui fut père de Galehaut, qui fut l'inventeur des flacons,

Qui fut père de Mirelangaut,

Qui fut père de Galafre,

Qui fut père de Falourdin,

Qui fut père de Roboastre,

Qui fut père de Sortibrant de Conimbres,

Qui fut père de Bruyer, qui fut vaincu par Ogier le Danois, pair de France,

Qui fut père de Mabrun,

Qui fut père de Flancanon,

Qui fut père de Hacquelebac,

Qui fut père de Videgrain,

Qui fut père de Grandgousier,

Qui fut père de Gargantua,

Qui fut père de Pantagruel mon maître.

J'entends bien qu'en lisant ces passages vous émettez un doute raisonnable, et demandez comme il est possible qu'il en soit ainsi, puisqu'au temps du déluge tout le monde périt, excepté Noé et sept personnes avec lui dans l'arche, au nombre desquels n'est pas mentionné ledit Hurtaly? La demande est bien faite, sans doute, et bien apparente, mais la réponse vous contentera ou j'ai le sens mal galefreté (1). Et parce que je n'existais pas en ce temps-là pour vous en parler à mon plaisir, je vous alléguerai

(1) Goudronné.

l'autorité des écrivains hébraïques, qui affirment que véritablement ledit Hurtaly n'était pas dans l'arche de Noé : aussi n'y eût-il pu entrer, car il était trop grand : mais il était dessus à cheval, jambe de çà, jambe de là, comme sont les petits enfants sur les chevaux de bois, et comme le gros taureau de Berne qui fut tué à Marignan, chevauchait pour sa monture un gros canon pierrier : c'est une bête de beau et joyeux amble, sans aucun défaut. De cette façon, après Dieu ce fut lui qui sauva ladite arche de péril ; car il lui donnait le branle avec les jambes, et du pied la tournait où il voulait, comme on fait du gouvernail d'un navire. Ceux qui étaient à l'intérieur lui envoyaient des vivres par une cheminée, en quantité suffisante, comme gens reconnaissant le bien qu'il leur faisait. Et quelquefois ils parlementaient ensemble comme faisait Icaromenippe avec Jupiter, ainsi que le rapporte Lucien. Avez-vous bien tout compris? buvez donc un bon coup sans eau. Car si vous ne le croyez, je n'en fais pas autant.

CHAPITRE II.

De la nativité du très-redouté Pantagruel.

Gargantua à l'âge de quatre cent quatre-vingt quarante et quatre ans eut son fils Pantagruel de sa femme Badebec, fille du roi des Amaurotes (1) en Utopie (2) qui mourut en lui donnant le jour, car il était si merveilleusement grand qu'il ne put naître sans suffoquer sa mère. Mais pour comprendre parfaitement la cause et la raison de son nom, qui lui fut donné en baptême, vous noterez qu'en cette année il fit une sécheresse tellement grande dans tout le pays d'Afrique, que les habitants passèrent trente-six mois trois semaines quatre jours seize heures et quelque peu davantage, sans pluie, avec une chaleur de soleil si véhémente que toute la terre en était aride.

Elle ne fut, au temps d'Hélie, plus échauffée qu'alors. Car il n'y avait arbre sur terre qui eût feuille ou fleur : les herbes étaient sans verdure, les rivières taries, les fontaines à sec, les pauvres poissons délaissés de leur élément, voguant et criant par la terre horriblement, les oiseaux tombant de l'air faute de rosée : l'on trouvait par les champs les loups, les renards, cerfs, sangliers, daims, lièvres, lapins, belettes, fouines, blaireaux et autres bêtes, mortes la gueule béante.

A l'égard des hommes, c'était une grande pitié : vous les eussiez vus tirant la langue comme lévriers ayant couru six heures, plusieurs se jetaient dans les puits.

(1) Inconnus.
(2) Pays imaginaire. Littéralement les gens inconnus d'un pays imaginaire.

Toute la contrée était à l'ancre ; c'était pitoyable de voir le travail des humains, pour se garantir de cette horrifique altération. Car il y avait prou à faire de sauver l'eau bénite des églises pour qu'elle ne fût pas volée. Oh ! combien fut heureux, cette année, celui qui avait une cave fraîche et bien garnie ! Le philosophe raconte, en mouvant la question pourquoi l'eau de mer est salée, qu'au temps où Phébus donna le gouvernement de son chariot lucifique à Phaéton, le dit Phaéton, mal appris en l'art, et ne sachant suivre la ligne écliptique entre les deux tropiques de la sphère du soleil, varia de son chemin, et approcha tellement de la terre, qu'il mit à sec toutes les contrées subjacentes, brûlant une grande partie du ciel, que les philosophes appellent *via lactea ;* quoique les plus huppés poëtes disent que c'est la partie du ciel où tomba le lait de Junon, lorsqu'elle allaita Hercules. Alors la terre fut tellement échauffée, qu'il lui vint une sueur énorme, dont elle sua toute la mer qui, pour cette raison, est salée, car toute sueur est salée. Ce que vous reconnaîtrez être vrai si vous voulez tâter de la vôtre propre ou bien de celle de votre voisin, ce qui m'est parfaitement égal.

Quasi pareil cas arriva en cette dite année : car un jour de vendredi, que tout le monde s'était mis en dévotion et faisait une belle procession avec force litanies, suppliant le Dieu tout puissant de les vouloir bien regarder de son œil de clémence dans

un tel malheur, l'on vit parfaitement sortir de
terre de grosses gouttes d'eau, comme quand quel
que personne sue copieusement. Et le pauvre peu-
‘ple commença à se réjouir comme si c'eût été une
chose à lui profitable : car quelques-uns disaient
qu'il n'y avait aucune goutte de vapeur dans l'air,
dont on espérât avoir pluie et que la terre y suppléait.
Les autres gens savants disaient que c'était une
pluie des antipodes : comme Sénèque narre au quatrième livre *Quæstionum naturalium*, parlant de
l'origine et source du Nil. Mais ils y furent trompés;
car, la procession finie, alors que chacun voulait recueillir de cette rosée et en boire à plein godet, ils
trouvèrent que ce n'était que saumure pire et plus
salée que n'était l'eau de la mer. Et parce qu'en propre
jour naquit Pantagruel, son père lui imposa un tel
nom; car *Panta*, en grec, vaut autant à dire comme
tout, et *Gruel*, en langue arabe, vaut autant comme
altéré. Voulant inférer qu'à l'heure de sa nativité le
monde était tout altéré, et voyant en esprit de pro-
phétie qu'il serait quelque jour le dominateur des
altérés : il vint au monde velu comme un ours, dont
une des matrones dit en matière de prédiction : « Il
est né velu, il fera des choses merveilleuses, et s'il
vit il aura de l'âge. »

CHAPITRE III.

Du deuil que mena Gargantua de sa femme Badebec.

Quand Pantagruel fut né, qui fut ébahi et bien per-
plexe, ce fut Gargantua son père; car voyant d'un
côté sa femme Badebec morte, et de l'autre son fils
Pantagruel né, si beau et si grand, il ne savait que
faire. Et le doute qui troublait son entendement
était, à savoir s'il devait pleurer pour le deuil de sa
femme, ou rire pour la joie de son fils. D'un côté et
d'autre il avait des arguments philosophiques qui le
suffoquaient; car il les faisait très bien *in modo et
figurá*, mais il ne les pouvait résoudre, Et par ce
moyen il demeurait empêtré comme la souris dans
la poix ou un milan pris au lacet.

« Pleurerai-je? disait-il, oui : car, pourquoi? Ma
tant bonne femme est morte, qui était la plus ceci,
la plus cela qui fut au monde. Jamais je ne la verrai,
jamais je n'en retrouverai une pareille, ce m'est
une perte inestimable? O mon Dieu, que t'avais-je
fait pour me punir ainsi? Que ne m'envoyais-tu la mort
à moi plutôt qu'à elle? Car vivre sans elle ne m'est
que languir. Ha, Badebec, ma mie, ma mignonne,
ma tendrette, jamais je ne te verrai. Ha, pauvre Pantagruel, tu as perdu ta bonne mère, ta douce nour-
rice, ta dame très-aimée. Ha, fausse mort, tant tu m'es

malivole (1) , tant tu m'es outrageuse de m'enlever
celle à qui l'immortalité revenait de droit.» Et ce disant, il pleurait comme une vache, mais tout soudain
il riait comme un veau, quand Pantagruel lui revenait en mémoire. « Ha, mon petit fils, disait-il, mon
peton, que tu es joli, que tu es gentil! Que je suis
reconnaissant à Dieu qui m'a donné un si beau fils,
tant joyeux, tant grand, tant joli. Ho, ho, ho, que
je suis aise! Buvons, ho, laissons toute mélancolie;
apporte du meilleur, rince les verres, boute la
nappe, chasse ces chiens, souffle le feu, allume cette
chandelle, ferme cette porte, taille ces soupes, en-
voie ces pauvres, donne-leur ce qu'ils demandent,
ôte-moi ma robe que je me mette en pourpoint pour
mieux festoyer. »

Ce disant, il ouït les litanies des prêtres qui por-
taient sa femme en terre; il laissa son bon propos
et tout soudain fut ravi ailleurs, disant : « Seigneur
Dieu, faut-il que je me contriste encore? Cela me
fâche : je ne suis plus jeune, je deviens vieux, le
temps est dangereux, je pourrai prendre quelque
fièvre, me voilà affolé. Foi de gentilhomme, il vaut
mieux pleurer moins et boire davantage. Ma femme
est morte, eh bien! je ne la ressusciterai pas par mes
pleurs; elle est bien, elle est en Paradis pour le
moins, si mieux elle n'est : elle prie Dieu pour
nous, elle est bien heureuse, elle ne se soucie plus
de nos misères et calamités. Autant nous en pend à

(1) Malveillante, du latin *Malevolus.*

l'œil. Mais voici ce que vous ferez, dit-il aux sages-femmes (où sont-elles? bonnes gens, je ne vous peux voir), allez à son enterrement et pendant ce temps-là je bercerai mon fils ici, car je me sens bien fort altéré et je serais en danger de tomber malade. Mais buvez quelque bon trait avant; car vous vous en trouverez bien, croyez m'en sur mon honneur. »

A quoi obtempérant, elles allèrent à l'enterrement et funérailles, et le pauvre Gargantua demeura à l'hôtel.

CHAPITRE IV.

De l'enfance de Pantagruel.

Je trouve chez les anciens historiographes et poëtes, que plusieurs personnes sont nées en ce monde de façons bien étranges qui seraient trop longues à raconter : lisez le septième livre de Pline, si vous avez le temps. Mais vous n'en ouïtes jamais d'une si merveilleuse comme fut celle de Pantagruel : car c'était chose difficile à croire, comment il crût en corps et en force en peu de temps. Et Hercules n'était rien lorsque étant au berceau il tua les deux serpents : car lesdits serpents étaient bien petits et bien fragiles. Mais Pantagruel étant au berceau fit des choses bien épouvantables. Je laisse ici à dire comment à chacun de ses repas il humait

le lait de quatre mille six cents vaches. Et comment
pour faire un poëlon à cuire sa bouillie, furent
occupés tous les poëliers de Saumur en Anjou, de
Villedieu en Normandie, de Bramont en Lorraine;
et on lui donnait ladite bouillie dans un grand timbre
qui à présent est encore à Bourges, près du palais;
mais ses dents étaient tellement grandes qu'il rompit
un grand morceau dudit timbre, comme cela apparaît très-bien.

Certain jour, vers le matin, qu'on voulait le faire
teter une de ses vaches (car il n'eut jamais d'autres
nourrices à ce que dit l'histoire), il défit un de ses
bras des liens qui le retenaient au berceau et prit
ladite vache par-dessous le jarret, et lui mangea les
deux tétins et la moitié du ventre, avec le foie et
les rognons; et l'eût toute dévorée, n'eût été qu'elle
criait horriblement comme si les loups la tenaient
aux jambes, auquel cri tout le monde arriva et on
enleva ladite vache à Pantagruel. Mais ils ne surent
si bien faire que le jarret ne lui demeurât comme il
le tenait, et le mangeait très-bien, comme vous
feriez d'une saucisse, et quand on voulut lui ôter
l'os, il l'avala bientôt comme un cormoran un petit
poisson, et après il commença à dire « Bon, bon,
bon, » car il ne savait encore bien parler : voulant
donner à entendre qu'il l'avait trouvé fort bon; et
qu'il n'en fallait plus qu'autant. Ce que voyant ceux
qui le servaient le lièrent avec de gros câbles comme
sont ceux que l'on fait à Tain pour le voyage du

sel à Lyon ; ou comme sont ceux du grand navire
français qui est au port de Grâce, en Normandie.
Mais une fois que s'échappa un grand ours que son
père nourrissait, et lui venait lécher le visage, car
les nourrices ne lui avaient bien à point torché les
babines, il se défit desdits câbles aussi facilement
que Samson d'entre les mains des Philistins, et vous
prit Monsieur de l'Ours, et le mit en pièces comme
un poulet, et vous en fit une bonne gorge chaude
pour ce repas. Gargantua craignant qu'il ne se fît
mal, fit faire quatre grosses chaînes de fer pour le
lier, et placer des arcs-boutants à son berceau. Et de
ces deux chaînes vous en avez une à la Rochelle,
que l'on lève au soir entre les deux grosses tours du
havre. L'autre est à Lyon. L'autre à Angers. Et la
quatrième fut emportée par les diables pour lier
Lucifer qui se déchaînait en ce temps-là, à cause
d'une colique qui le tourmentait extraordinaire-
ment, pour avoir mangé en fricassée, à son déjeuner,
l'âme d'un sergent. Et il demeura ainsi coi et paci-
fique : car il ne pouvait rompre facilement lesdites
chaînes ; mêmement qu'il n'avait pas d'espace dans
son berceau pour donner la secousse des bras. Mais
voici ce qu'il arriva un jour de grande fête que son
père donnait à tous les princes de sa cour. Tous les
officiers étaient tellement occupés du festin, que
l'on ne se souciait nullement du pauvre Pantagruel,
et demeurait ainsi à *reculorum*. Que fit-il ? ce qu'il
fit, mes bonnes gens ? Écoutez. Il essaya de rompre

les chaînes du berceau avec les bras, mais il ne put,
car elles étaient trop fortes. Alors il trépigna tellement des pieds qu'il rompit le bout de berceau, qui
était d'une grosse poutre de sept empans en carré,
et aussitôt qu'il eut mis les pieds dehors, il s'avala (1)
le mieux qu'il put, en sorte qu'il toucha des pieds à
terre. Et alors, avec grande puissance il se leva
emportant son berceau ainsi lié sur l'échine, comme
une tortue qui monte contre une muraille, et à le
voir il semblait que ce fût une grande carraque de
cinq cents tonneaux qui fût debout. En ce point, il
entra dans la salle où l'on banquetait, si hardiment
qu'il épouvanta l'assistance : mais, comme il avait
les bras liés à l'intérieur, il ne pouvait rien prendre
à manger : mais à grande peine s'inclinait pour
prendre quelque lippée avec la langue. Ce que
voyant, son père comprit bien qu'on l'avait laissé
sans lui donner à manger, et commanda qu'il fût
délié desdites chaînes, par le conseil des princes et
seigneurs assistants de même que des médecins de
Gargantua qui disaient que si on le tenait ainsi au
berceau, il serait toute sa vie sujet à la gravelle.
Lorsqu'on l'eût déchaîné, on le fit asseoir, il déjeuna
fort bien ; puis il mit son berceau en plus de cinq
cent mille pièces d'un coup de poing qu'il frappa
au milieu par dépit, avec protestation de n'y jamais
retourner.

(1) Descendit.

CHAPITRE V.

Des faits du noble Pantagruel en son jeune âge.

Ainsi croissait Pantagruel de jour en jour et pro-
fitait à vue d'œil, dont son père se réjouissait par
affection naturelle. Il lui fit faire, comme il était
petit, une arbalète pour s'ébattre après les oisillons,
qu'on appelle à présent la grande arbalète de Chan-
telle. Puis il l'envoya à l'école pour apprendre et
passer son jeune âge. Il vint à Poitiers pour étudier
et profita beaucoup. Étant dans ce lieu, il vit que
les écoliers avaient beaucoup de loisirs ne sachant
à quoi passer leur temps; il en eut compassion. Un
jour il prit après un grand rocher qu'on nomme
Passelourdin, une grosse roche ayant environ douze
toises en carré, et quatorze empans d'épaisseur, et
la mit sur quatre piliers au milieu d'un champ, bien
à son aise; afin que les écoliers quand ils n'auraient
rien à faire, pussent passer leur temps à monter sur
cette pierre et là banqueter ou écrire leurs noms
avec un couteau, et à présent on l'appelle la Pierre-
Levée. Et en mémoire de cela personne n'est, encore
aujourd'hui, reçu en l'Université de Poitiers, sinon
qu'il ait bu à la fontaine Cabaline de Croustelles,
passé à Passelourdin, et monté sur la Pierre-Levée.

Et après, lisant les belles chroniques de ses ancêtres, il trouva que Geoffroy de Lusignan, dit Geof-

froy à la grand'dent, grand-père du beau cousin de
la sœur aînée de la tante du gendre de l'oncle de
la bru de sa belle-mère, était enterré à Maillezais;
il prit un jour *campos* pour le visiter comme homme
de bien. Et partant de Poitiers avec quelques-uns de
ses compagnons, ils passèrent par Legugé, visitant
le noble Ardillon; par Lusignan, par Sansay, par
Celles, par Collonges, par Fontenay-le-Comte, sa-
luant le docte Tiraqueau, et de là ils arrivèrent à
Maillezais, où il visita le tombeau du dit Geoffroy à
la grand'dent dont il eut quelque peu frayeur, voyant
sa portraiture; car il est représenté comme un
homme furieux tirant son grand glaive de sa gaîne.
Et demandant la raison de cela, il lui fut répondu
que les peintres et les poëtes ont la liberté de peindre à leur plaisir ce qu'ils veulent. Mais il ne se con-
tenta pas de leur réponse, et dit : « Il n'est peint
ainsi sans cause ; je me doute qu'à sa mort on lui a
fait quelque tort, duquel il demande vengeance à ses
parents. Je m'en enquerrai plus à point, et j'en ferai
ce que de raison. »

Puis il retourna, non à Poitiers, mais il voulut visiter les autres universités de France; à cet effet
il passa à la Rochelle, se mit sur mer et vint à Bor-
deaux, auquel lieu il ne trouva grand exercice sinon
des gabarriers jouant aux luettes (1) sur la grève.
De là il vint à Toulouse où il apprit fort bien à danser

(1) Jeu de la fossette. Petit creux que les enfants font pour jouer aux
billes.

et à jouer de l'épée à deux mains, comme c'est l'usage des écoliers de cette université; mais il n'y demeura guère quand il vit qu'ils faisaient brûler leurs régents comme des harengs saurs disant: « A Dieu ne plaise que je meure ainsi, car je suis de ma nature assez altéré sans me chauffer davantage!»

Puis il vint à Montpellier où il trouva fort bons vins de Mireveaux et joyeuse compagnie, il pensa se mettre à étudier la médecine, mais il considéra que l'état était par trop fâcheux et mélancolique et que les médecins sentaient le clystère comme vieux diables. Alors il voulut étudier les lois, mais voyant qu'ils n'étaient là que trois teigneux et un pelé, il partit. En chemin il fit le pont du Gard et l'amphithéâtre de Nîmes en moins de trois heures, qui semble toutefois être un travail plus divin que humain. Et vint à Avignon, où il ne fut pas trois jours sans être amoureux, ce que voyant son pédagogue nommé Épistemon, l'en retira et le mena à Valence en Dauphiné, mais il vit qu'il n'y avait grand exercice et que les maroufles de la ville battaient les écoliers, dont il eut grand dépit; et un beau dimanche que tout le monde dansait publiquement, un écolier se voulut mettre à danser ce qui ne lui fut pas permis. Pantagruel voyant cela, leur donna à tous la chasse jusqu'au bord du Rhône où il les voulait faire noyer, mais ils se cachèrent sous terre, comme les taupes, une bonne demi-lieue sous le Rhône. Le trou y apparaît encore. Après il partit, et en trois pas et un saut il vint à Angers où il se trouvait fort bien, et y eût demeuré quelque temps si la peste ne l'en eût chassé.

Alors il vint à Bourges où il étudia longtemps et profita beaucoup en la faculté des lois. Partant de Bourges, il vint à Orléans, et là il trouva beaucoup d'écoliers, qui lui firent grande fête à son arrivée, et en peu de temps il apprit à jouer à la paume, si bien qu'il en était maître. Car les étudiants de ce lieu en font bel exercice.

A l'égard de se rompre la tête à étudier, il ne le faisait pas, de peur que la vue ne lui diminuât, surtout qu'un des régents répétait souvent dans ses lectures qu'il n'y a chose aussi contraire à la vue, comme l'est la maladie des yeux.

CHAPITRE VI.

Comment Pantagruel rencontra un Limousin qui contrefaisait le langage français.

Quelque jour, je ne sais quand, Pantagruel se promenait après souper avec ses compagnons, du côté de la porte de Paris ; là il rencontra un écolier tout joliet qui venait par ce chemin : et après qu'ils se furent salués, il lui demanda : « Mon ami, d'où viens-tu à cette heure? — L'écolier lui répondit : « De l'alme, inclyte et célèbre académie,

que l'on vocite Lutèce. — Qu'est-ce à dire ? dit Pantagruel à un de ses gens ? — C'est, répondit-il de
Paris. — Tu viens donc de Paris ? dit-il. Et à quoi
passez-vous le temps, messieurs les étudiants, au dit
Paris ? — L'écolier répondit : Nous transfretons la
Sequane au dilucule et crépuscule ; nous déambulons
par les compites et quadrivies de l'urbe ; nous dépu-
mons la verbocination latiale ; nous cauponizons
aux tavernes méritoires de la Pomme-du-Pin, du
Castel, de la Madeleine et de la Mule. Et si par fortune il y a pénurie et rareté de pécune en nos mar-
supies, et soient exhautées de métal ferruginé, pour
l'écot nous démettons nos codices et vestes opi-
gnerées, prestolants les tabellaires à venir des péna-
tes et lares patriotiques.»

A quoi Pantagruel dit : « Quel diable de langage
est-ce ceci ? Pardieu tu es quelque hérétique. Que veut
dire ce fou ? je crois qu'il nous forge ici quelque langage diabolique, et qu'il cherche à nous charmer
comme enchanteur ? » — A quoi un de ses gens lui
dit : « Sans doute ce galant veut contrefaire le langage
des Parisiens, mais il ne fait qu'écorcher le latin, et
pense ainsi pindariser (1), et il lui semble bien qu'il
est un grand et beau parleur en français, parce qu'il
dédaigne l'usage ordinaire de parler. — Par Dieu,
dit Pantagruel, je vous apprendrai à parler, mais
avant, dis-moi d'où tu es ? » — A quoi l'écolier répondit : « L'origine première des mes aves et ataves fut in-

(1) Se servir de termes ampoulés et recherchés.

digène des régions Lémoviques, où requiesce le corpore de l'agiotate Saint-Martial. — J'entends bien, dit Pantagruel. Tu es limousin pour tout potage. Et tu veux ici contrefaire le Parisien. Or viens çà que je te donne un tour de peigne.»

Alors il le prit à la gorge lui disant: « Tu écorches le latin, par Saint-Jean, je te ferai écorcher le renard, car je t'écorcherai tout vif.»

Le pauvre Limousin commença alors à dire : « Vée dicou gentilatre, ho Saint-Marsaut, adjouda mi ! Hau, hau, laissas à quo au nom de Dious, et ne me touquas grou. — A quoi dit Pantagruel : «A cette heure tu parles naturellement. »

Et ainsi il le laissa, mais le pauvre Limousin demeura altéré toute sa vie disant souvent que Pantagruel le tenait à la gorge. Et après quelques années il mourut.

CHAPITRE VII.

Comment Pantagruel vint à Paris, et des beaux livres de la bibliothèque Saint-Victor.

Après que Pantagruel eut fort bien étudié à Orléans, il délibéra de visiter la grande Université de Paris; mais, avant que de partir, il fut averti qu'il y avait une grosse et énorme cloche à Saint-Aignan du dit Orléans, qu'elle était en terre depuis plus de deux

cent quatorze ans; car elle était tellement grosse
que par aucune espèce d'engin on ne la pouva
mettre seulement hors terre, quoique l'on y eût aj
pliqué tous les moyens que mettent *Vitruvius d*
Architectura, Albertus de Re ædificatoria, Euclide,
Theon, Archimedes et Hero de Ingeniis: car tout n'
servit de rien ; ayant cédé à l'humble requête de
citoyens et habitants de ladite ville il délibéra d
l'apporter au clocher qui lui était destiné ; de fa
étant venu au lieu où elle était, il la leva de terre ave
le petit doigt aussi facilement que vous lèveriez un
sonnette d'épervier ; avant que de la porter au clo
cher, Pantagruel en voulut donner une aubade par l
ville, et la faire sonner par toutes les rues en la por
tant en sa main, dont tout le monde se réjouit fort
mais il en résulta un inconvénient bien grand ; car l
portant ainsi, et la faisant sonner par les rues, tou
le bon vin d'Orléans poussa, et se gâta, de quoi l
monde ne s'avisa que la nuit suivante : car chacun s
sentit tellement altéré d'avoir bu de ces vins poussés
qu'ils ne faisaient que cracher aussi blanc que d
coton de Malte, disant : « Nous avons du Pantagruel
et avons les gorges salées. »

Cela fait, il vint à Paris avec ses gens. A son en
trée tout le monde sortit pour le voir, car vous sa
vez bien que le peuple de Paris est sot par nature
par béquarre et par bémol ; et le regardaient e
grand ébahissement, et non sans grande peur qu'
n'emportât le palais ailleurs, comme son père ava

emporté les cloches de Notre-Dame, pour les atta-
cher au cou de sa jument. Et après qu'il y fut demeuré quelque temps et fort bien étudié dans tous
les septs arts libéraux, il disait que c'était une bonne
ville pour vivre, mais non pour mourir; car les
gueux de Saint-Innocent se chauffaient des ossements
des morts. Il trouva la bibliothèque de Saint-Victor
fort magnifique, mêmement quelques-uns des livres
qu'il y trouva desquels s'ensuit le répertoire, et
primo :

Pantophla decretorum,

Marmotretus de babouinis et singis, cum commento Dorbellis,

L'Apparition de sainte Gertrude à une nonne de
Poissy,

Le Moutardier de pénitence,

Les Houseaux, *alias* les Bottes de patience,

Formicarium artium,

De Brodiorium usu, et honestate chopinandi, per
Sylvestrem,

Le Cabas des notaires,

Le Paquet de mariage,

Le Creziou (creuset) de contemplation,

Les Fariboles de droit,

L'Aiguillon de vin,

L'Éperon de fromage,

Decrotatorium scholarium,

Bricot, de Differentiis souparum,

Le Culot de discipline,

La Savate d'humilité,

Le Tripier de bon pensement,

De croquendi lardonibus, libri tres,

Pasquilli, doctoris marmorei, de capreolis chardoneta comedendis, tempore ab Ecclesia dicto,

Majoris, de Modo faciendi boudinos,

Beda, de Optimate triparum,

La Complainte des avocats sur la réforme dragées,

Le Chat fourré des procureurs,

Des Pois au lard, cum commento,

Præclarissimi juris utriusque doctoris maîtr loti Raquedenari, de Bobelinandi glossæ accurs baguenaudis repetitio enucidiluculidissime,

Stratagemata Francarchieri de Bagnolet,

Franctopinus, de Re militari, cum figuris Tevo

De Usu et utilitate ecorchandi equos et equas,

M. N. Rostocostojambedanesse, de Moust post prandium servienda, lib. quatuordecim,

Jabolenus, de Cosmographia purgatorii,

Quæstio subtilissima, utrum Chimera, in v bombinans, possit comedere secundas intentio et fuit debatuta per decem hebdomadas in con Constancii,

Le Machefaim des avocats,

Barbouillamenta Scoti,

De Calcaribus removendis decades undecim,

M. Albericum de Rosata,

De Castrametandis crinibus lib. tres,

L'Entrée d'Antoine de Leide aux terres des Grecs,

Apologie contre ceux qui disent que la mule du Pape ne mange qu'à ses heures,

Pronosticatio quæ incipit, Silvii Triquebille,

Le Claquedent des maroufles,

La Ratoire des Théologiens,

Cullebutatorium confratrium, auctore incerto,

La Barbotine des marmiteux,

Poltronismus rerum Italicarum,

Almanach perpétuel pour les goutteux,

Maneries ramonendi fournellos, per M. Eccium.

L'Histoire des farfadets,

Les Happelourdes des officiaux,

La Bauduffe (toupie) des trésoriers,

Badinatorium sophistarum,

Antipericatametanaparbecgedemphicribrationes mercedantium,

Le Limaçon des rêvasseurs,

Le Boutevent des alchimistes,

L'Accoudoir de vieillesse,

La Muselière de noblesse,

Soixante et neuf bréviaires de haute graisse,

Le Ramoneur d'astrologie,

Desquels quelques-uns sont déjà imprimés : on imprime les autres maintenant dans la noble ville de Thubinge.

CHAPITRE VIII.

Comment Pantagruel trouva Panurge qu'il aima toute sa vie.

Un jour Pantagruel se promenant hors la ville vers l'abbaye Saint-Antoine devisant et philosophant avec ses gens et quelques écoliers, il rencontra un homme de belle stature et élégant en tous les linéaments du corps, mais tellement mal vêtu et en lambeaux, qu'il semblait être échappé des chiens et ressemblait à un cueilleur de pommes du pays du Perche. De tant loin que Pantagruel le vit, il dit aux assistants : « Voyez-vous cet homme qui vient par le chemin du pont de Charenton ? Par ma foi, il n'est pauvre que par fortune, la nature l'a produit de riche et noble lignée, mais les aventures des gens curieux l'ont réduit en cet état. » Aussitôt qu'ils furent auprès de lui, Pantagruel lui demanda : « Mon ami, je vous prie de vouloir bien vous arrêter un peu ici et de répondre à ce que je vous demanderai, vous ne vous en repentirez point, car j'ai affection très-grande de vous aider de mon pouvoir dans la position où je vous vois, car vous me faites pitié. Pourtant mon ami, dites-moi, qui êtes-vous ? d'où venez-vous ? où allez-vous ? que cherchez-vous ? quel est votre nom ? »

Le compagnon lui répondit en langue allemande. — Pantagruel dit : « Mon ami, je n'entends point ce baragouin-là; pourtant si vous voulez qu'on vous entende, parlez autre langage. »

Le compagnon reprit alors en arabe. — « Entendez-vous rien là? dit Pantagruel aux assistants. — A quoi Epistemon répondit : « Je crois que c'est le langage des antipodes : le diable n'y mordrait rien. » — Lors dit Pantagruel : « Je ne sais, compère, si les murailles vous comprendront, mais nul de nous n'y entend note. »

Le compagnon s'exprima en italien : — A quoi répondit Epistemon : « Autant de l'un comme de l'autre. »

Alors Panurge reprit en anglais : — Encore moins, répondit Pantagruel.

Il s'exprima encore en basque, en bas-breton, flamand, danois, hébreu, grec, en latin, etc.

« Dea, mon ami, dit Pantagruel, ne savez-vous parler français. — Si fais, très-bien, Seigneur, répondit le compagnon; Dieu merci, c'est ma langue naturelle et maternelle, car je suis né et j'ai été nourri jeune au jardin de France, c'est la Touraine. — Donc, dit Pantagruel, racontez-nous votre nom et d'où vous venez; car, par ma foi, je vous ai déjà pris en amour si grand que, si vous condescendez à mon vouloir, vous ne bougerez jamais de ma compagnie, et vous et moi nous ferons une paire d'amis comme furent Énée et Achates. — Seigneur, dit le compagnon, mon vrai et propre nom de baptême est Panurge, à présent je viens de Turquie où je fus mené prisonnier lorsqu'on alla à Metelin en la male heure. Et volontiers je vous raconterais mes fortunes, qui sont plus merveilleuses que celles d'Ulysse ; mais puisqu'il vous plaît de me retenir avec vous, j'accepte franchement l'offre, protestant de ne jamais vous laisser ; et allassiez-vous à tous les diables, nous aurons meilleur temps pour vous conter tout cela, pour cette heure j'ai nécessité bien urgente de manger : j'ai les dents aiguës, ventre vide, gorge sèche, appétit strident. »

Alors Pantagruel commanda qu'on le menât en son logis et qu'on lui apportât force vivres. Ce qui fut fait, il mangea très-bien et alla se coucher de bonne heure et dormit jusqu'au lendemain à l'heure du dîner, en sorte qu'il ne fit que trois pas et un saut du lit à table.

CHAPITRE IX.

Comment **Panurge** raconta la manière dont il échappa de la main des Turcs.

Un jour qu'ils se reposaient, Pantagruel dit à Panurge : « Je crois que c'est le moment de nous raconter comment vous vous échappâtes des mains des Turcs. — Par Dieu, Seigneur, dit Panurge, je ne vous en mentirai de mot. »

« Les paillards Turcs m'avaient mis en broche tout lardé comme un lapin, car j'étais tellement maigre qu'autrement ma chair eût été fort mauvaise viande, et en ce point ils me faisaient rôtir tout vif. Ainsi, comme ils me rôtissaient, je me recommandais à la grâce divine, ayant en mémoire le bon saint Laurent, et toujours j'espérais en Dieu qu'il me délivrerait de ce tourment, ce qui fut fait bien étrangement. Car ainsi que je me recommandais de bien bon cœur à Dieu, criant : « Seigneur Dieu, aide-moi ! Seigneur Dieu, sauve-moi ! Seigneur Dieu, ôte-moi de ce tourment auquel ces traîtres chiens me détiennent parce que je maintiens ta loi ! » le rôtisseur s'endormit par le vouloir divin, ou bien de quelque bon Mercure qui endormit adroitement Argus qui avait cent yeux. Quand je vis qu'il ne me tournait plus en rôtissant, je le regarde et m'aperçois qu'il s'est endormi : alors je prends avec les dents un tison par le bout où il n'était point brûlé, et vous le jette au giron de mon rôtisseur; j'en jette un autre le mieux que je peux sous un lit de camp, qui était auprès de la cheminée, où était la paillasse de monsieur mon rôtisseur. Incontinent, le feu se prit à la paille, de la paille au lit, et du lit à tout l'étage qui était revêtu de sapin fait à queues de lampes. Mais le bon fut que le tison que j'avais jeté au giron de mon rôtisseur lui brûla tout l'estomac, mais il était tellement punais qu'il ne le sentit pas immédiatement. Aussitôt qu'il s'en aperçut, il se

leva tout étourdi criant à la fenêtre tant qu'il put :
« *Dalbaroth! Dalbaroth!* » ce qui veut dire : Au feu,
au feu. Il vint droit à moi pour me jeter tout entier
dans le brasier, et déjà il avait coupé les cordes dont
on m'avait lié les mains, il coupait les liens des
pieds; mais le maître de la maison entendant le cr
au feu et sentant la fumée de la rue où il se promenait avec quelques autres pachas, courut tant qu'il
put pour porter secours et enlever les bijoux.

« De pleine arrivée, il tira la broche où j'étais
embroché, et tua tout roide mon rôtisseur, dont il
mourut là par faute de gouvernement ou autrement; car il lui passa la broche un peu au-dessus
du nombril vers le flanc droit, et lui perça le
troisième lobe du foie, et le coup haussant lui pé-
nétra le diaphragme, et par à travers la capsule du
cœur la broche lui sortit par le haut des épaules
entre les spondyles et l'omoplate gauche. La vérité
est qu'en tirant la broche de mon corps, je tombe à
terre près des landiers, je me fis un peu de mal
dans ma chute, toutefois pas trop grand, car les
lardons soutinrent le coup. Puis mon pacha voyant
que le coup était désespéré et que sa maison était
brûlée sans rémission, et tout son bien perdu, se
donna à tous les diables, appelant Grilgoth, Asta-
roth, Rappalus, et Gribouillis par neuf fois.

« Ce que voyant, j'eus peur pour plus de cinq
sols, craignant que les diables venant à cette heure
pour emporter ce fou, ne m'emportassent aussi. Je

suis déjà à demi rôti, nos lardons sont causes de mon mal : car ces diables-ci sont friands de lardons, mais je fis le signe de la croix criant : *Agios athanatos ho Theos*, et nul ne venait. Ce que connaissant, mon vilain pacha se voulait tuer de ma broche, et s'en percer le cœur : de fait, il la mit contre sa poitrine, mais elle ne pouvait outrepasser, car elle n'était pas assez pointue, il poussait tant qu'il pouvait, mais il n'avançait à rien. Alors je vins à lui disant : « Messire, tu perds ici ton temps, car tu ne te tueras jamais ainsi : tu te blesseras peut-être quelque part, dont tu languiras toute ta vie entre les mains des chirurgiens : mais si tu veux, je te tuerai ici, tout franchement, en sorte que tu n'en sentiras rien, et tu peux m'en croire ; car j'en ai tué bien d'autres qui s'en sont fort bien trouvés. — Ha, mon ami, dit-il, je t'en prie, si tu fais cela je te donne ma bourse ; tiens, la voilà, il y a six cents seraphs dedans et quelques diamants et rubis en perfection. » — Et où sont-ils ? dit Epistemon. — Par saint Jean, dit Panurge, ils sont bien loin s'ils vont toujours. Mais où sont les neiges d'antan ? c'était le plus grand souci qu'eût Villon, le poëte parisien. — Achève, je te prie, dit Pantagruel, que nous sachions comment tu accoutras ton pacha. — Foi d'homme de bien, dit Panurge, je n'en mens de mot. Je le bandai d'une méchante braye que je trouvai là à demi brûlée, et le liai solidement, pieds et mains, avec mes cordes, si bien qu'il n'eût su regimber ; puis je lui passai ma broche à travers l'estomac, et le pendis, accrochant la broche à deux gros crampons qui soutenaient des hallebardes. Je vous attise un beau feu au-dessous et vous flambe mon milord comme on fait les harengs saurs à la cheminée. Puis prenant sa bourse et un petit javelot qui était sur les crampons, je m'enfuis au beau galop. Et Dieu sait comment je sentais mon épaule de mouton.

« Quand je fus descendu dans la rue, je trouvai tout le monde qui était accouru pour éteindre le feu à force d'eau. Me voyant ainsi à demi rôti ils eurent pitié de moi naturellement, et me jetèrent toute leur eau, ce qui me rafraîchit joyeusement et me fit fort grand bien ; puis ils me donnèrent quelque peu à repaître, mais je ne mangeai guère, car ils ne me donnaient que de l'eau à boire, selon leur mode. Ils ne me firent autre mal, sinon un vilain petit Turc, bossu par devant, qui furtivement me croquait mes lardons ; mais je lui donnai si vert *dronos* sur les doigts avec mon javelot qu'il n'y retourna pas deux fois. Notez que ce rôtissement me guérit, d'une goutte sciatique, à laquelle j'étais sujet depuis plus de sept ans, du côté où mon rôtisseur s'endormant me laissa brûler.

« Or, pendant qu'ils s'occupaient de moi, le feu triomphait, ne demandez pas comment, à prendre à plus de deux mille maisons, tellement que quelqu'un s'en aperçut et s'écria : « Ventre Mahom ! toute la ville brûle et nous nous amusons ici. »

« Alors chacun s'en alla à sa chaumière. Pour moi, je pris mon chemin vers la porte. Quand je fus sur une petite butte qui est auprès, je me retournai en arrière comme la femme de Loth, et je vis la ville brûlant presque totalement, je fus tellement aise, que je faillis mourir de joie, mais Dieu m'en punit bien. — Comment? dit Pantagruel. — Ainsi, reprit Panurge, que je regardais en grande liesse ce beau feu, me réjouissant et disant : Ha ! pauvres puces ; ha ! pauvres souris, vous aurez mauvais hiver, le feu est en votre palier ! plus de six, voire plus de treize cent onze chiens gros et menus sortirent tous ensemble de la ville, fuyant le feu. Ils arrivèrent droit à moi sentant l'odeur de ma chair rôtie, et ils m'eussent dévoré de suite, si mon bon ange ne m'eût bien inspiré, m'enseignant un remède contre le mal de dents. — Et à quel propos, dit Pantagruel, craignais-tu le mal des dents, n'étais-tu pas guéri de tes rhumes ! — Pasque de soles, répondit Panurge, est-il mal de dents plus grand que quand les chiens vous tiennent aux jambes? Mais soudain je m'avise de mes lardons et les jetai au milieu d'eux ; alors les chiens d'aller et de s'entrebattre l'un l'autre à belles dents, à qui aurait le lardon. Par ce moyen ils me laissèrent, et je les laissai se tenant aux poils, je m'échappai de bon cœur gaillardement, et vive la rôtisserie !

CHAPITRE X.

Des mœurs et conditions de Panurge.

Panurge était de stature moyenne, ni trop grand, ni trop petit, il avait le nez un peu aquilin, fait à manche de rasoir ; et avait pour lors l'âge de trente-cinq ans ou environ, fin à dorer comme une dague de plomb, bien galant homme de sa personne, sinon qu'il était quelque peu débauché, et sujet de nature à une maladie qu'on appelait en ce temps-là :

Faute d'argent, c'est douleur non pareille.

Toutefois il avait soixante-trois manières d'en trouver toujours à son besoin, dont la plus honorable et plus commune était par façon de larcin furtivement fait ; malfaisant, pipeur, buveur, batteur de pavés, ribleur s'il en était à Paris ;

Au demeurant le meilleur fils du monde.

Toujours il machinait quelque chose contre les sergents et contre le guet.

Une fois il assemblait trois ou quatre bons rustres, les faisait boire comme templiers sur le soir, après les menait au-dessus de Sainte-Geneviève, ou auprès du collége de Navarre, et à l'heure que le guet montait par là (ce qu'il connaissait en mettant son épée sur le pavé, et l'oreille auprès, et lorsqu'il entendait

son épée branler, c'était signe infaillible que le guet
était près), à ce moment, ses compagnons et lui,
prenant un tombereau, lui donnaient le branle,
le poussant avec grande force du côté de la vallée,
et ainsi mettaient tout le pauvre guet par terre comme
porcs, puis ils filaient de l'autre côté : car en moins
de deux jours, il sut toutes les rues, ruelles et tra-
verses de Paris comme son *Pater*. D'autres fois, il
faisait en quelque belle place, par où ledit guet devait passer, une traînée de poudre à canon ; et à
l'heure qu'il passait, il mettait le feu dedans et pre-
nait son passe-temps à voir la bonne grâce qu'ils
avaient en fuyant, pensant que le feu Saint-Antoine
les tint aux jambes. A l'égard des pauvres maîtres
ès arts et théologiens, il les persécutait sur tous autres. Quand il rencontrait quelques-uns d'entre eux
par la rue, il ne manquait jamais de leur faire quelque
sottise, mettant des ordures dans leur chaperon au
bourrelet ; leur attachant de petites queues de renard, ou des oreilles de lièvres par derrière, ou quelque autre mal.

CHAPITRE XI.

Comment Pantagruel partit de Paris apprenant la nouvelle que les
Dipsodes envahissaient le pays des Amorotes.

Pantagruel ayant appris la nouvelle que son père
Gargantua avait été transporté au pays des fées par

Morgan, comme fut jadis Ogier et Artus; que le bruit de cette translation ayant été promptement répandu, les Dipsodes étaient sortis de leurs limites et avaient gâté une grande partie du pays d'Utopie; et que pour le moment ils tenaient la grande ville des Amorotes assiégée, partit incontinent, sans rien dire à personne, car l'affaire requérait urgence, et vint à Rouen. Partant, il arriva à Honfleur où il s'embarqua avec Panurge, Épistemon, Eusthènes et Carpalim. Une heure après, il se leva un grand vent nord-nord-ouest auquel ils donnèrent pleines voiles, et en peu de jours ils passèrent par Porto-Santo, Madère et firent escale aux îles Canaries. Puis ils passèrent par le cap Blanc, le cap Vert, Gambie, le cap de Bonne-Espérance et finalement ils arrivèrent au pays d'Utopie, distant de la ville des Amorotes de trois lieues et quelque peu davantage.

Quand ils furent à terre quelque peu rafraîchis, Pantagruel dit : « Enfants, la ville n'est pas loin d'ici; avant que de marcher outre, il serait bon de délibérer de ce qui est à faire, afin que nous ne ressemblions point aux Athéniens, qui ne délibéraient jamais sinon après le cas fait. Êtes-vous disposés à vivre ou mourir avec moi? — Seigneur, oui, dirent-ils tous, tenez-vous assuré de nous comme de vos propres doigts. — Or, dit-il, il n'y a qu'un point qui tienne mon esprit en suspens et dans le doute, c'est que je ne sais en quel ordre ni en quel nombre sont les ennemis qui tiennent la ville assiégée; car, si je le savais, je m'en irais en plus grande assurance. Avisons ensemble aux moyens que nous pourrions employer pour être bien informés. » — A quoi tous ensemble dirent : « Laissez-nous y aller voir, et attendez-nous ici, car aujourd'hui nous vous apporterons des nouvelles certaines. »

— Je, dit Panurge, entreprends d'entrer dans leur camp au milieu des gardes et du guet, et banqueter avec eux, m'amuser à leurs dépens, sans être connu d'aucun, visiter l'artillerie, les tentes de tous les capitaines, et me prélasser par les bandes, sans être jamais découvert : le diable ne me tromperait pas, car je suis de la lignée de Zopyre. — Je, dit Epistemon, sais tous les stratagèmes et prouesses des vaillants capitaines et champions des temps passés, et toutes les ruses et finesses de discipline militaire : j'irai, et encore que je fusse découvert et décelé, je m'échapperai en leur faisant croire de vous tout ce qui me plaira : car je suis de la lignée de Sinon. — Je, dit Eusthènes, entrerai par à travers leurs tranchées, malgré le guet et tous les gardes, car je leur passerai sur le ventre et leur romprai bras et jambes, et fussent-ils aussi forts que le diable : car je suis de la lignée d'Hercules. — Je, dit Carpalim, y entrerai, si les oiseaux y entrent ; car j'ai le corps tellement allègre, que j'aurai sauté leurs tranchées, et traversé tout leur camp avant qu'ils m'aient aperçu. Et ne crains ni trait, ni flèche, ni cheval, quelque léger qu'il soit, fût-ce Pégase de Persée, ou Pacolet, et devant eux je m'échapperai sain et sauf : j'entreprends de marcher sur les épis, sur l'herbe des prés, sans qu'elle fléchisse sous moi : car je suis de la lignée de Camille amazone.

CHAPITRE XII.

Comment Panurge, Carpalim, Eusthènes et Epistemon, compagnons de Pantagruel, desconfirent six cent soixante chevaliers bien subtilement.

Pendant qu'il disait cela, ils aperçurent six cent soixante chevaliers parfaitement montés sur chevaux légers, qui accouraient là pour voir ce que c'était que ce navire qui était abordé au port, et couraient à bride abattue pour les prendre s'ils eussent pu. Alors Pantagruel dit : « Enfants, retirez-vous dans le navire : voici nos ennemis qni accourent, et je vous les tuerai comme bêtes, et fussent-ils dix fois autant : pendant ce temps-là retirez-vous, et prenez votre passe-temps. — Adonc, répondit Panurge : non, Seigneur, il n'y a aucune raison pour que vous agissiez ainsi : mais au contraire, retirez-vous dans le navire, et vous, et les autres; car tout seul je les déconfirai ici; mais il ne faudra pas tarder : dépêchez-vous. — A quoi dirent les autres : C'est bien dit. Seigneur, retirez-vous, nous aiderons ici à Panurge et vous connaîtrez ce que nous savons faire.

— Alors Pantagruel dit : Or je le veux bien, mais au cas que vous fussiez plus faibles, je ne vous abandonnerai pas. »

Alors Panurge tira deux grandes cordes du navire, et les attacha au cabestan qui était sur le tillac, les mit à terre, et en fit un long circuit, l'un plus loin, l'autre dans celui-là. Puis il dit à Épistemon : « Entrez dans le navire, et quand je vous sonnerai, tournez le cabestan sur le tillac diligentement et ramenant à vous ces deux cordes. » Puis il dit à Eusthènes et à Carpalim : « Enfants, attendez ici et offrez-vous aux ennemis franchement, et obtempérez à eux, et faites semblant de vous rendre : mais faites bien attention de ne pas entrer au centre des cordes, tenez-vous toujours en dehors.»

Incontinent il entra dans le navire, il prit un faix de paille et une boîte de poudre à canon et la répandit au centre des cordes et se tint auprès avec un charbon ardent. Soudain les chevaliers arrivèrent à grande force, et les premiers choquèrent jusque auprès du navire, et comme le rivage glissait, ils tombèrent avec leurs chevaux au nombre de quatre. Les autres voyant cela s'approchèrent, croyant qu'on leur avait résisté à l'arrivée. Mais Panurge leur dit : «Messieurs, je crains que vous ne vous soyez fait mal, pardonnez-le nous, car ce n'est pas de notre faute mais de la lubricité (1) de l'eau de la mer, qui est toujours onc-

_____

(1) Du latin *lubricus*, qualité de ce qui est glissant.

tueuse. Nous nous rendons à votre bon plaisir. »
Autant en dirent ses deux compagnons et Épistemon
qui était sur le tillac. Pendant ce temps-là, Panurge
s'éloignait, et voyant que tous étaient dans le cercle
des cordes, et que ses deux compagnons s'en étaient
éloignés faisant place à tous ces chevaliers, qui allaient en foule pour voir le navire et ce qu'il y avait
dedans, soudain cria à Épistemon : « Tire ! tire. »
Alors Épistemon commença à tirer au cabestan et
les cordes s'empêtrèrent entre les chevaux et les
ruaient par terre bien aisément avec leurs cavaliers :
mais ceux-ci tirèrent leur épée et les voulurent dé-
faire ; alors Panurge mit le feu à la traînée et les fit
tous brûler comme âmes damnées ; hommes et chevaux, nul n'en échappa, excepté un qui était monté sur
un cheval turc qui gagna à la fuite. Mais quand Carpalim l'aperçut, il courut après en telle vitesse et lé-
gèreté qu'il l'attrapa en moins de cent pas, et sau-
tant sur la croupe de son cheval, l'embrassa par derrière, et l'amena au navire.

Cette défaite parachevée, Pantagruel fut bien
joyeux et loua merveilleusement l'industrie de ses
compagnons, et les fit rafraîchir et bien repaître sur
le rivage joyeusement, et boire d'autant, le ventre
contre terre, et leur prisonnier avec eux familière-
ment : sinon que le pauvre diable n'était point assuré
que Pantagruel ne le dévorât tout entier, ce qu'il eût
fait tant il avait la gorge large, aussi facilement que
vous avaleriez une dragée, et ne lui eût pas plus abondé

en la bouche qu'un grain de millet dans la gueule d'un âne.

CHAPITRE XIII.

Comment Pantagruel et ses compagnons étaient fâchés de manger de la chair salée et comment Carpalim alla chasser pour avoir de la venaison.

Ainsi comme ils banquetaient, Carpalim dit : « Et ventrebleu, ne mangerons-nous jamais de venaison ? Cette chair salée m'altère beaucoup. Je vais vous apporter ici une cuisse de ces chevaux que nous avons fait brûler, elle sera bien assez rôtie. » Pendant qu'il se levait pour ce faire, il aperçut, à l'entrée du bois, un grand beau chevreuil qui était sorti du fourré, voyant le feu de Panurge, à mon avis. Incontinent il courut après en telle vitesse, qu'il semblait que ce fut un trait d'arbalète et l'attrapa en un moment ; et en courant il prit de ses mains en l'air Quatre grandes outardes (1),

Six bitars,
Vingt-six perdrix grises,
Trente-deux rouges,
Seize faisans,
Neuf bécasses,
Dix-neuf hérons,

---

(1) Outarde, *avis tarda.*

Trente-deux pigeons ramiers,

Et tua de ses pieds dix ou douze levrauts ou lapins,

Dix-huit râles parés ensemble. Plus :

Quinze sangliers,

Deux blaireaux,

Trois grands renards.

Frappant le chevreuil de son javelot à la tête, il le tua, et l'apportant il recueillit les levrauts, râles et sangliers. Et de tant loin qu'il put être entendu il cria, disant : « Panurge, mon ami, vinaigre, vinaigre ! » Dont pensait le bon Pantagruel que le cœur lui fît mal et commanda qu'on lui apprêtât du vinaigre. Mais Panurge entendit bien qu'il y avait levrauts au croc ; de fait il montra au noble Pantagruel comment il portait à son col un beau chevreuil, et toute sa ceinture brodée de levrauts. Soudain, Epistemon fit, au nom des neuf muses, neuf belles broches de bois à l'antique. Eusthènes aidait à écorcher, et Panurge mit deux selles d'armes des chevaliers en tel ordre qu'elles servirent de landiers ; ils firent leur prisonnier rôtisseur, et firent rôtir leur venaison au feu où brûlaient les chevaliers. Et après ils firent grand'chère à force de vinaigre, que c'était plaisir de les voir manger. Alors Pantagruel dit : « Plût à Dieu que chacun de vous eût deux paires de sonnettes de sacre au menton, et que j'eusse au mien les grosses horloges de Rennes, de Poitiers, de Tours et de Cambrai, pour voir l'au-

bade que nous donnerions au remuement de nos
badigoinces (1) ! — Mais, dit Panurge, il vaut mieux
penser un peu à notre affaire, et par quel moyen
nous pourrons vaincre nos ennemis. — C'est bien
avisé, dit Pantagruel.» Il demanda à leur prisonnier :
« Mon ami, dis nous ici la vérité, et ne nous mens en
rien, si tu ne veux être écorché tout vif, car c'est
moi qui mange les petits enfants ; conte-nous en-
tièrement l'ordre, le nombre et la forteresse de l'armée. » — A quoi répondit le prisonnier : « Seigneur,
sachez pour la vérité qu'en l'armée sont trois cents
géants tout armés de pierres de taille, grands à mer-
veilles, toutefois non autant que vous, excepté un
qui est leur chef, nommé Loupgarou, et est tout
armé d'enclumes cyclopiques. Cent soixante-treize
mille piétons tout armés de peaux de lutins, gens
forts et courageux, onze mille quatre cents hommes
d'armes, trois mille six cents doubles canons, et des
espingardes (2) sans nombre. — Voire, mais, dit Pantagruel, le roi y est-il ? — Oui, Sire, dit le prisonnier,
il y est en personne, et nous le nommons Anarche,
roi des Dipsodes, qui vaut autant à dire comme altérés ; car vous ne vîtes jamais gens si altérés ni buvant plus volontiers. Il a sa tente sous la garde des
gens. — C'est assez, dit Pantagruel. Sus, enfants, êtes-
vous délibérés d'y venir avec moi ? — A quoi Panurge répondit : Dieu confonde qui vous laissera. —

(1) Mâchoires.
(2) Arbalètes montées sur roues.

Sus, donc, enfants, dit Pantagruel, commençons à marcher. »

CHAPITRE XIV.

Comment Pantagruel eut victoire bien étrangement des Dipsodes et des géants.

Pantagruel avant de partir fit appeler le prisonnier et le renvoya disant : « Va-t'en à ton roi en son camp, et raconte-lui ce que tu as vu, et qu'il se prépare à me festoyer demain sur le midi; car aussitôt que mes galères seront venues, ce qui sera le matin au plus tard, je lui prouverai par dix-huit cent mille combattants et sept mille géants tous plus grands que tu me vois, qu'il a fait follement et contre raison d'assaillir ainsi mon pays. » — En quoi Pantagruel feignait d'avoir une armée sur mer.

Mais le prisonnier répondit qu'il se rendait son esclave et qu'il était content de ne jamais retourner avec ses gens, mais qu'il préférait plutôt combattre avec Pantagruel contre eux, et que pour Dieu il lui permît d'agir ainsi. Mais Pantagruel n'y voulut pas consentir, et lui commanda de partir de là promptement et d'aller où il lui avait dit; puis il lui donna une boîte pleine d'euphorbe et de grains de *cocco-ynide* (1), confits en eau ardente en forme de com-

(1) *Coccum gnidium.* Graine de thymélia, poivre de montagne.

pote, lui commandant de la porter à son roi, et de lui dire que s'il en pouvait manger une once sans boire, il pourrait lui résister sans peur. Alors le prisonnier le supplia à mains jointes d'avoir pitié de lui à l'heure de la bataille : Pantagruel lui dit : « Après que tu auras annoncé le tout à ton roi, mets tout ton espoir en Dieu et il ne te délaissera point. Car moi, encore que je sois puissant, comme tu peux le voir, et aie beaucoup de gens sous les armes, toutefois je n'espère en ma force ni en mon industrie : mais toute ma confiance est en Dieu mon protecteur, qui ne délaisse jamais ceux qui ont mis leur espoir et pensée en lui. »

Cela fait, le prisonnier lui demanda qu'il le traitât raisonnablement pour sa rançon. A quoi Pantagruel répondit que son but n'était ni de piller, ni de rançonner les humains, mais de les enrichir et réformer en liberté entière. « Va-t'en, dit-il, en la paix du Dieu vivant : ne suis jamais mauvaise compagnie, et qu'il ne t'arrive pas malheur. »

Le prisonnier parti, Pantagruel dit à ses gens : « Enfants, j'ai donné à entendre à ce prisonnier que nous avions armée sur mer, et que nous ne donnerions l'assaut que demain sur le midi, afin que s'attendant à une grande venue de gens, ils s'occupent cette nuit à mettre tout en ordre et à se remparer : mais cependant mon intention est que nous chargions sur eux environ l'heure du premier somme. »

Laissons ici Pantagruel avec ses compagnons, et parlons du roi Anarche et de son armée.

Quand le prisonnier fut arrivé il se transporta vers le roi, et lui conta comment était venu un grand géant nommé Pantagruel, qui avait déconfit et fait rôtir cruellement tous les six cent cinquante-neuf chevaliers, et que lui seul avait été sauvé pour en porter les nouvelles. De plus, que le dit géant l'avait chargé de lui dire qu'il lui apprêtât à dîner pour le lendemain sur le midi : car il délibérait de l'envahir à la dite heure.

Puis il lui donna la boîte qui contenait les confitures. Mais aussitôt qu'il en eut avalé une cuillerée, il lui vint un tel échauffement de gorge avec ulcération de la luette, que la langue lui pela. Et aucun remède ne put lui apporter de soulagement, car aussitôt qu'il ôtait le gobelet de la bouche, la langue lui brûlait. Aussi ne faisait-on que lui mettre vin en gorge avec un entonnoir. Ce que voyant ses capitaines et gens de garde, ils goûtèrent des dites drogues, pour éprouver si elles étaient tant altératives. Mais il leur en prit comme à leur roi. Et ils flaconnèrent tellement que le bruit se répandit par tout le camp que le prisonnier était de retour, qu'ils devaient avoir l'assaut le lendemain, que le roi, les capitaines s'y préparaient en buvant à tirelarigot. Par quoi tout le monde commença à chopiner. En somme, ils burent tant et tant, qu'ils s'endormirent sans ordre parmi le camp.